मेरे हिस्से के लोग

ये सिर्फ मेरी नहीं...आपकी भी कहानी है

आकाश अरुण

notionpress.com

INDIA · SINGAPORE · MALAYSIA

ISBN

Hardcase 979-8-90451-328-3
Paperback 979-8-90431-966-3

कुछ कहानियाँ लिखी नहीं जातीं...
वो बस जी ली जाती हैं।

ये किताब भी वैसी ही एक कहानी है।
न कोई बड़ा किरदार...
न कोई फिल्मी मोड़...

बस एक साधारण सा जीवन,
जिसमें कुछ लोग आए...
कुछ चले गए...
और कुछ हमेशा के लिए रह गए।

मैंने यहाँ कुछ भी गढ़ा नहीं है।
जो महसूस किया, वही लिखा है।
जो जिया, वही आपके सामने रखा है।

हो सकता है इस कहानी में आपको
अपने कुछ हिस्से मिल जाएँ...
कुछ लोग याद आ जाएँ...
या कुछ अधूरी बातें फिर से जाग जाएँ।

अगर ऐसा होता है—
तो समझ लीजिए,
ये सिर्फ मेरी कहानी नहीं रही...
ये आपकी भी हो गई है।

विषयसूची

शुरुआत... जो शायद आपकी भी है

कुछ कहानियाँ बताकर शुरू नहीं होतीं...
वो चुपचाप हमारे साथ चलती रहती हैं,
और हमें देर से समझ आता है
कि हम कब से उन्हें जी रहे थे।

ये कहानी भी कुछ ऐसी ही है।
ये सिर्फ मेरी कहानी नहीं है...
ये उन सभी लोगों की कहानी है—
जो अपने घर से निकले थे,
कुछ बनने के लिए...
और रास्ते में
खुद को ही ढूंढते रह गए।

दिल्ली...
एक शहर नहीं है।
ये एक इम्तिहान है।

यहाँ हर दिन
आपको थोड़ा-थोड़ा तोड़ता है...
और फिर ठहरकर पूछता है—
"अब भी टिके रहोगे?"

मैं भी उन्हीं लाखों लड़कों में से एक था—
जो एक बैग में अपना छोटा सा सपना रखकर
दिल्ली आया था।

सपने बहुत बड़े नहीं थे...
बस इतने थे कि
घर वालों को लगे—
"कुछ कर रहा है लड़का।"

कटवारिया सराय का एक कमरा...
10×10 का।

एक कोना—जहाँ बिस्तर था।
दूसरा—जहाँ किचन जैसा कुछ था।
और बीच में—
मेरी पूरी जिंदगी।

वहीं से ऑफिस जाना...
वहीं लौटना...
वहीं सोचना...
और हर रात
खुद से एक ही बात कहना—
"बस थोड़ा और...
फिर सब ठीक हो जाएगा।"

लेकिन...
सब ठीक होना इतना आसान नहीं होता।

कभी पैसे कम पड़ जाते थे...
कभी हिम्मत।

कभी काम इतना होता था कि
खुद के लिए वक्त नहीं बचता...
और कभी वक्त इतना होता था कि
काम ही नहीं होता।

ज़िंदगी...
अपने तरीके से
हर दिन कुछ न कुछ सिखा रही थी।

एक दिन...
क्लास से लौटते हुए
मैं एक दुकान के सामने रुका।

एक काली शर्ट टंगी थी।
बहुत साधारण...
ना कोई ब्रांड
ना कोई खास डिज़ाइन...

लेकिन जाने क्यों—
वो मुझे बहुत पसंद आ गई।

मैं अंदर गया...
पूछा—
"भइया, कितने की है?"

उसने कहा—
"200 रुपए।"

मैंने जेब टटोली...
और बिना कुछ बोले
वापस बाहर आ गया।

उस दिन पहली बार समझ आया—
पैसे की कमी
सिर्फ चीज़ें नहीं रोकती...
कई बार वो आपको
अंदर से छोटा कर देती है।

उस रात...
नींद बहुत देर से आई।

और उसी रात
मैंने खुद से एक वादा किया—
"एक दिन ऐसा आएगा...
जब मुझे कुछ खरीदने से पहले
सोचना नहीं पड़ेगा।"

लेकिन...
ज़िंदगी सिर्फ पैसों की कहानी नहीं होती।
ये लोगों की भी कहानी होती है।

कुछ लोग आते हैं—
थोड़ी देर के लिए...
और चले जाते हैं।

कुछ लोग...
आपके हिस्से में रह जाते हैं।

और वही लोग...
आपको वो बना देते हैं
जो आप आज हैं।

कभी कोई दोस्त
आपको आधे रास्ते मिलने बुलाता है...
और आधा बिल भी आपसे लेता है।

कभी कोई बॉस
आपको इतना सुनाता है कि
आप खुद से पूछने लगते हैं—
“मैं यहाँ कर क्या रहा हूँ?”

कभी कोई गुरु
आपको एक ऐसी बात सिखा देता है...
जो पूरी जिंदगी बदल देती है।

और कभी...
एक दिन ऐसा आता है—
जब आप भीड़ में खड़े होते हैं...
सब कुछ आपके सामने होता है...
लेकिन अंदर से
आप बिल्कुल खाली होते हैं।

मैंने बहुत कुछ देखा है—
बाढ़ में डूबे घर...
कंधों पर उठती लाशें...
भूखे बच्चे...

और दूसरी तरफ—
ऑफिस के केबिन...
मीटिंग्स...
टारगेट्स...

इन दोनों दुनियाओं के बीच
खड़ा मैं—
बार-बार सोचता था—
“सच्चाई आखिर है क्या?”

समय के साथ...
मैंने काम किया...
सीखा...
गिरा...
उठा...

और फिर एक दिन—
मैंने अपना स्टार्टअप शुरू किया।

लेकिन...
ये कहानी उस सफलता की नहीं है।

ये कहानी है—
उन रातों की
जब नींद नहीं आती थी...

उन दिनों की
जब जेब खाली होती थी...

उन लोगों की
जो बिना किसी मतलब के
साथ खड़े रहे...

और उन फैसलों की
जिन्होंने सब बदल दिया।

अगर आप भी...
कभी किसी छोटे कमरे में बैठे हैं...
कभी पैसे गिनकर खर्च करते हैं...
कभी ये सोचते हैं—
"क्या मैं सही रास्ते पर हूँ?"

तो...
ये कहानी आपकी भी है।

क्योंकि...
हर "आकाश" के अंदर
एक पूरी दुनिया होती है—
जिसकी कोई सीमा नहीं होती।

बस...
उसे समझने में
थोड़ा वक्त लगता है।

ये कहानी उसी सफर की है—
जहाँ घर का बड़ा बेटा
सबको जोड़ने के लिए घर से निकलता है...

लेकिन एक दिन
खुद ही कहीं खो जाता है।

और शायद...
इस कहानी के किसी मोड़ पर
आपको
अपना ही एक हिस्सा मिल जाए।

बचपन — जब पैसे पेड़ के नीचे गाड़ दिए

बचपन...

एक ऐसा समय होता है
जब हम अमीर भी होते हैं—
और हमें पता भी नहीं होता।

मुझे आज भी वो किस्से सुनाए जाते हैं—
कि मैं पैसे फाड़ देता था।

सिर्फ फाड़ता ही नहीं था...
उन्हें आँगन में लगे
केले के पेड़ के नीचे
गाड़ भी देता था।

शायद...
तब मुझे सच में लगता होगा—
पैसे पेड़ों पर उगते हैं।

और सच कहूँ—
उस उम्र में
ये सोचना गलत भी नहीं था।

स्कूल जाने का समय होता...
तो मैं जाने के लिए तैयार नहीं होता।

दो लोग आते...
हाथ-पैर पकड़ते...
और मुझे उठाकर स्कूल छोड़ आते।

जैसे मैं कोई बच्चा नहीं—
बल्कि एक मिशन था।

घर में...

हर चीज़ मेरे लिए
एक experiment थी।

पंखा खराब हुआ?
"मैं ठीक करूँगा।"

साइकिल रुकी?
"मैं खोलूँगा।"

और फिर...
उसे ठीक करने से ज्यादा
खोलने में मज़ा आता था।

थोड़ा बड़ा हुआ...

तो घर में एक मारुति वैन थी।

मैं उसकी सीट पर तकिया रखता...
और steering पकड़कर
ऐसे चलाता—
जैसे दुनिया का
सबसे बड़ा ड्राइवर मैं ही हूँ।

12वीं तक...

मैं साइकिल से ही कॉलेज गया।

ना कोई शिकायत...
ना कोई जल्दी...

बस...
एक सीधी-सी जिंदगी।

आज जब पीछे मुड़कर देखता हूँ...
तो समझ आता है—

वो दिन छोटे थे...
लेकिन...
वो जिंदगी बहुत बड़ी थी।

बचपन में...

ना तुलना थी...
ना competition।

ना किसी से आगे निकलने की दौड़...
ना पीछे छूट जाने का डर।

जो था...
बस वही काफी था।

हम मिट्टी में खेलते थे...
और हाथ गंदे होने का डर नहीं होता था।

हम हँसते थे...
तो वजह नहीं ढूँढते थे।

और रोते थे...
तो छुपाते नहीं थे।

शायद...

बचपन की सबसे बड़ी खूबसूरती यही होती है—
आप जैसे होते हैं...
वैसे ही दिखते हैं।

लेकिन...

धीरे-धीरे
ज़िंदगी हमें सिखाती है—

कैसे छुपाना है...
कैसे संभलना है...
और कैसे
"ठीक" दिखना है।

आज जब मैं सोचता हूँ...

तो लगता है—
हम बड़े होकर
बहुत कुछ सीखते हैं...

लेकिन...
सबसे ज़रूरी चीज़
वहीं छोड़ आते हैं—

बचपन।

और शायद...

इसीलिए
जब भी जिंदगी बहुत मुश्किल लगती है...
दिल एक बार फिर
वहीं लौटना चाहता है—

उस घर में...
जहाँ आँगन था...
जहाँ पेड़ थे...
जहाँ बिना वजह हँसी थी...

जहाँ मम्मी-पापा, भाई-बहन
एक ही छत के नीचे रहते थे...

जहाँ न कोई झगड़ा था,
न ईगो...

न "मेरा" ...
न "तेरा"...

बस एक ही सच था—
साथ।

और अजीब बात ये है—

उस समय हमारे पास
बहुत कुछ नहीं था...

फिर भी...
ज़िंदगी पूरी लगती थी।

एक ऐसा लड़का... जिसे कुछ नहीं पता था

बचपन से निकलकर...

जब थोड़ा होश आने लगता है,
तो जिंदगी भी
धीरे-धीरे अपने असली रंग दिखाने लगती है।

मैं कोई बहुत समझदार लड़का नहीं था।

ना मुझे ये पता था कि
आगे क्या करना है...
ना ये कि
किस रास्ते पर जाना है।

बस...
जिंदगी जैसे चल रही थी,
मैं उसके साथ चलता जा रहा था।

घर के लोग...

अपनी-अपनी जिम्मेदारियों में लगे थे।
और मैं...

अपने छोटे-छोटे कामों में।

कभी पेड़ लगाना...
कभी घर साफ करना...
कभी साइकिल खोलना...
तो कभी उसे जोड़ने की कोशिश करना।

मुझे नहीं पता था कि
मैं क्या बनूँगा...

लेकिन एक चीज़ जरूर थी—
मुझे कुछ करना था।

लेकिन क्या?

इस सवाल का जवाब
मेरे पास नहीं था।

और शायद...
ज्यादातर लोगों के पास
उस उम्र में होता भी नहीं है।

हम सब...

बस एक भीड़ का हिस्सा होते हैं।

स्कूल जाओ...
कॉलेज जाओ...
और फिर...

कुछ "बन जाओ।"

लेकिन
"क्या बनना है"—
ये कोई नहीं बताता।

मैं भी...

उसी भीड़ में था।

लेकिन अंदर कहीं
एक हल्की-सी बेचैनी थी।

ऐसा लगता था—
कुछ अलग करना है।

लेकिन...

क्या अलग?
कैसे?
क्यों?

इन सवालों के जवाब
अभी दूर थे।

बस...
एक चीज़ थी—

चलते रहना।

और शायद...

यही सबसे जरूरी भी था।

क्योंकि...

हर किसी के पास शुरुआत में
कोई बड़ा प्लान नहीं होता।

कुछ लोग रास्ता ढूंढ लेते हैं...
कुछ लोग रास्ता बना लेते हैं...

और कुछ लोग—
बस चलते-चलते
रास्ता बन जाते हैं।

मैं शायद
तीसरी category में था।

जहाँ मुझे ये नहीं पता था
कि जाना कहाँ है...

लेकिन अंदर कहीं
एक भरोसा था—

कि
रुकना नहीं है।

और कई बार...

जिंदगी में
यही एक फैसला
सबसे बड़ा होता है।

मेरी असली दुनिया... स्कूल के बाहर थी

स्कूल...

मेरे लिए
पढ़ाई की जगह कम,
और मजबूरी ज्यादा था।

सच कहूँ तो...

मुझे स्कूल से ज्यादा
स्कूल के बाहर की दुनिया पसंद थी।

वहाँ...

कोई टाइम टेबल नहीं था।
कोई बंधन नहीं था।

वहाँ...
मैं था—
और मेरी दुनिया।

दोस्त थे...
जिनके साथ
घंटों घूम सकते थे।

गलियाँ थीं...
जहाँ हर मोड़
अपना लगता था।

और एक आज़ादी थी—
जो स्कूल के अंदर
कभी नहीं मिली।

मुझे याद है...

हम बिना किसी वजह के
घूमते रहते थे।

कभी किसी के घर...
तो कभी किसी के।

कोई प्लान नहीं होता था...
लेकिन हर दिन
यादगार होता था।

उस समय...

ना फोन था...
ना सोशल मीडिया...

लेकिन फिर भी—
हम connected थे।

आज...

सब कुछ है।

फोन है...
internet है...

लेकिन...
वो connection नहीं है।

शायद...

क्योंकि तब
हम लोग असली थे।

और आज...
हम सब
थोड़े-थोड़े "virtual" हो गए हैं।

स्कूल के बाहर...

मैंने जिंदगी को
थोड़ा अलग तरीके से समझा।

यहाँ कोई किताब नहीं थी...
लेकिन हर दिन
एक नई सीख थी।

किसी दोस्त के घर बैठकर
चाय पीना...

बिना वजह हँसना...

घंटों बस यूँ ही
बातें करना...

ये सब छोटी-छोटी चीजें थीं...

लेकिन शायद
यही असली जिंदगी थी।

आज सोचता हूँ...

तो लगता है—

हमने उस समय
कुछ बड़ा नहीं किया था...

लेकिन
सबसे अच्छा समय
वहीं जी लिया था।

क्योंकि...

वो समय ऐसा था—
जहाँ कोई pressure नहीं था...

कोई comparison नहीं था...

कोई दिखावा नहीं था...

बस...

एक सच्चाई थी—
साथ होने की।

और शायद...

यही वजह है कि
आज भी जब उन दिनों को याद करता हूँ...

तो एक हल्की-सी मुस्कान
अपने आप आ जाती है।

क्योंकि...

ज़िंदगी में
कुछ पल ऐसे होते हैं—

जो कभी वापस नहीं आते...

लेकिन
हमेशा हमारे साथ रहते हैं।

बचपन के लोग

हर इंसान की जिंदगी में...

कुछ लोग होते हैं—
जो हमेशा साथ नहीं रहते...
लेकिन हमेशा
साथ रहते हैं।

मेरे जीवन में भी
ऐसे कई लोग रहे हैं।

फहीम...

जिसके साथ
हर दिन एक नई कहानी होती थी।

नोमान...

जिसके साथ
समय का पता ही नहीं चलता था।

और महताब...

जो सिर्फ दोस्त नहीं था—
बल्कि
एक एहसास था।

हम तीनों...
या चारों...

जहाँ भी होते थे—
वहीं हमारी दुनिया होती थी।

ना कोई बड़ा सपना...
ना कोई बड़ी सोच...

बस एक ही बात—
आज अच्छा होना चाहिए।

और अजीब बात ये है—
हर दिन
अच्छा ही होता था।

शाम होते ही...

हम मिलते थे।

कभी चाय की दुकान पर...
कभी किसी के घर के बाहर...

और फिर
घंटों वहीं बैठे रहते थे।

ना कोई जल्दी...
ना कोई वजह...

बस...
एक साथ होना।

आज सोचता हूँ...

तो लगता है—

उस समय
हम कुछ कर नहीं रहे थे...

लेकिन
सब कुछ जी रहे थे।

हम हँसते थे...
तो दिल से हँसते थे।

मजाक करते थे...
तो बिना सोचे करते थे।

और दोस्ती...

वो किसी मतलब से नहीं थी।

वो बस थी।

लेकिन...

समय कभी एक जैसा नहीं रहता।

धीरे-धीरे...

सब अपनी-अपनी जिंदगी में
आगे बढ़ने लगे।

कोई पढ़ाई में चला गया...
कोई शहर बदल गया...

और हम...

धीरे-धीरे
दूर हो गए।

बिना किसी झगड़े के...
बिना किसी वजह के...

बस...
दूरी आ गई।

और यही जिंदगी का
सबसे सच्चा सच है—

हर रिश्ता
हमेशा साथ नहीं चलता...

लेकिन
हर रिश्ता
हमेशा रहता है।

आज भी...

जब उनकी याद आती है...

तो लगता है—
जिंदगी का सबसे अच्छा समय
वहीं था।

जहाँ कुछ भी नहीं था...

लेकिन
सब कुछ था।

कभी-कभी सोचता हूँ—

क्या हम फिर कभी
वैसे मिल पाएंगे?

वैसे हँस पाएंगे?

वैसे जी पाएंगे?

शायद नहीं।

लेकिन...

शायद ज़रूरी भी नहीं है।

क्योंकि...

कुछ रिश्ते
वर्तमान में नहीं...

यादों में
पूरे होते हैं।

और सच कहूँ—

मेरे बचपन के लोग...

आज भी
मेरे हिस्से में हैं।

बस...

अब वो पास नहीं—
अंदर रहते हैं।

घर... सिर्फ एक जगह नहीं होता

घर...

एक शब्द नहीं है।

ये एक एहसास है।

एक ऐसी जगह...
जहाँ आप बिना कुछ कहे
समझ लिए जाते हैं।

जहाँ आपकी आवाज़ से पहले
आपकी खामोशी को
पहचाना जाता है।

लेकिन...

जब आप घर से दूर जाते हैं...
तब समझ आता है—
घर क्या होता है।

मैंने भी...

जब घर से दूर जाकर
कुछ बनने की कोशिश की...

तब महसूस किया—

जो चीज़
हमारे सबसे पास होती है...
हम उसे ही
सबसे कम समझते हैं।

घर में...

छोटी-छोटी बातें होती थीं।

माँ की आवाज़...
पापा की डाँट...
भाई-बहन की लड़ाई...

उस समय ये सब
बहुत साधारण लगता था।

लेकिन...

जब ये सब नहीं होता...

तो वही चीज़ें
सबसे ज्यादा याद आती हैं।

घर से दूर रहना...

सिर्फ दूरी नहीं है।

ये एक खालीपन है।

एक ऐसा खालीपन...

जो भीड़ में भी
महसूस होता है।

आप लोगों के बीच होते हैं...
बातें करते हैं...
हँसते भी हैं...

लेकिन अंदर कहीं—
कुछ अधूरा रहता है।

और शायद...

इसीलिए हर इंसान के अंदर
कहीं ना कहीं...

घर लौटने की एक इच्छा
हमेशा रहती है।

मैं जब भी किसी परिवार को देखता हूँ—
जहाँ माँ, पापा, भाई-बहन
सब साथ होते हैं...

तो मुझे अपनी मम्मी
बहुत याद आती हैं।

आज...

वो व्हीलचेयर पर हैं।

ज़्यादा कुछ बोलती नहीं हैं...

लेकिन...
उन्हें बस देखते रहना ही
एक सुकून दे जाता है।

और उसी सुकून के पीछे...

दिल अंदर ही अंदर
बहुत रोता है।

क्योंकि...

कुछ दर्द ऐसे होते हैं
जिन्हें लिखा नहीं जा सकता...

सिर्फ महसूस किया जा सकता है।

जब आप घर से दूर जाते हैं...

तो सिर्फ जगह नहीं छोड़ते।

आप छोड़ते हैं—

अपनी आदतें...
अपने लोग...
अपनी पहचान...

और सबसे बड़ी बात—

आप छोड़ते हैं...
अपना सुकून।

शहर में...

सब कुछ होता है।

पैसा...
काम...
मौके...

लेकिन...

वो सुकून नहीं होता।

वहाँ होता है—

2-3 कमरे का छोटा-सा फ्लैट...
छोटी-छोटी खिड़कियाँ...

सुबह ऑफिस जाओ...
शाम को वापस आओ...

ना पड़ोसी आपको पहचानता है...
ना आप पड़ोसी को।

क्योंकि...

हर कोई अपनी-अपनी दुनिया में
कहीं ना कहीं व्यस्त है...

और सच कहूँ—

थोड़ा-थोड़ा
फँसा हुआ भी।

मैंने कई लोगों को देखा है—

बड़े शहरों में रहते हुए...
हँसते हुए...
सफल दिखते हुए...

लेकिन अंदर से—
थके हुए।

उनके पास सब कुछ है...

लेकिन...

कुछ भी नहीं है।

और शायद...

ये वही कीमत है
जो हम सब
अपने सपनों के लिए चुकाते हैं।

क्योंकि...

कुछ पाने के लिए
हम बहुत कुछ छोड़ देते हैं...

और जो छूट जाता है—
वही सबसे ज्यादा याद आता है।

जो छूट जाता है... वही सबसे ज्यादा याद आता है

जब आप घर से दूर जाते हैं...

तो सिर्फ एक जगह नहीं छोड़ते।

आप छोड़ते हैं—

अपनी आदतें...
अपनी सुबहें...
अपनी आवाज़ें...

आप छोड़ते हैं—

वो लोग...
जो बिना वजह भी
आपके अपने होते हैं।

और सबसे बड़ी बात—

आप छोड़ते हैं
अपना सुकून।

शहर में...

सब कुछ होता है।

पैसा...
काम...
मौके...

लेकिन...

वो सुकून नहीं होता।

वहाँ एक छोटा-सा फ्लैट होता है...

2 या 3 कमरों का...

जहाँ रहने के लिए जगह होती है—
लेकिन जीने के लिए
बहुत कम।

सुबह...

जल्दी उठना।

ऑफिस के लिए भागना।

ट्रैफिक में फँसना।

दिनभर काम करना...

और फिर
थककर वापस आ जाना।

हर दिन...

लगभग एक जैसा।

ना कोई पूछने वाला—
"खाना खाया?"

ना कोई कहने वाला—
"आज देर हो गई..."

बस...

एक रूटीन।

और उस रूटीन के बीच...

धीरे-धीरे
इंसान खुद से दूर होता जाता है।

मैंने कई लोगों को देखा है—

जो शहर में रहते हैं...

अच्छी नौकरी...
अच्छी सैलरी...
अच्छी लाइफ...

लेकिन...

अंदर से
खाली।

वो हँसते हैं...
मिलते हैं...
social media पर मुस्कुराते हैं...

लेकिन सच?

वो थके हुए होते हैं।

क्योंकि...

ये शहर
आपको बहुत कुछ देता है—

लेकिन बदले में...
आपसे बहुत कुछ ले भी लेता है।

आपकी सुबहें...
आपकी नींद...
आपका समय...

और कभी-कभी—
आपकी पहचान भी।

मैं भी...

उसी भीड़ का हिस्सा था।

हर दिन...

काम...
टारगेट...
डेडलाइन...

और फिर...

एक सवाल—

"क्या यही जिंदगी है?"

कभी-कभी...

ऐसा लगता था—

मैं भाग तो रहा हूँ...

लेकिन
किसके लिए?

दूसरों को दिखाने के लिए?

या
खुद को साबित करने के लिए?

और सच कहूँ...

इस सवाल का जवाब
आज भी पूरी तरह नहीं मिला है।

लेकिन एक बात जरूर समझ आई—

जब हम कुछ पाने के लिए निकलते हैं...

तो रास्ते में
बहुत कुछ छोड़ देते हैं।

और जो छूट जाता है—

वही
सबसे ज्यादा याद आता है।

वो घर...

जहाँ बिना बताए
सब समझ लिया जाता था।

वो माँ...

जो बिना पूछे
थाली लगा देती थी।

वो पापा...

जो डाँटते भी थे—
और सबसे ज्यादा
चिंता भी करते थे।

वो भाई-बहन...

जिनसे रोज लड़ते थे...
लेकिन उनके बिना
रह नहीं सकते थे।

और वो दोस्त...

जिनके साथ
कोई प्लान नहीं होता था...

लेकिन हर दिन
यादगार होता था।

आज...

ये सब याद आता है।

और कभी-कभी...

इतना याद आता है कि
दिल बस यही कहता है—

"सब छोड़कर...
वापस घर चला जाऊँ।"

लेकिन...

ज़िंदगी इतनी आसान नहीं होती।

क्योंकि अब...

जिम्मेदारियाँ हैं।
सपने हैं।
और एक रास्ता है—
जो हमने खुद चुना है।

इसलिए...

हम रुकते नहीं।

बस...

थोड़ा मुस्कुराते हैं...
और फिर
आगे बढ़ जाते हैं।

लेकिन अंदर कहीं—

वो सब
अब भी रहता है।

और शायद...

हमेशा रहेगा।

घर कौन संभालेगा?

समय के साथ...

ज़िंदगी बदलती है।

लोग बड़े होते हैं...
जिम्मेदारियाँ बढ़ती हैं...

और एक दिन—
आपको एहसास होता है—

अब आपको
सिर्फ अपने लिए नहीं जीना है।

घर...

अब सिर्फ एक याद नहीं रहता।

वो
जिम्मेदारी बन जाता है।

और फिर...

धीरे-धीरे
एक सवाल अंदर आता है—

"घर कौन संभालेगा?"

ये सवाल...

किसी किताब में नहीं मिलता।

ना कोई सिखाता है...

लेकिन एक समय के बाद—
हर किसी को
इसका जवाब खुद देना पड़ता है।

कभी...

किसी एक को
आगे आना पड़ता है।

और वहीं से...

ज़िंदगी का अगला अध्याय
शुरू होता है।

मैं भी...

एक ऐसे ही घर में पैदा हुआ था—

जहाँ पढ़ाई सिर्फ एक ज़रूरत नहीं...
एक परंपरा थी।

पापा...
बड़े पापा...
उनके बच्चे...

मेरी बहनें...
मेरा छोटा भाई...

हर कोई पढ़ाई में तेज़।

और इन सबके बीच...

एक था मैं।

पढ़ाई से मेरा रिश्ता
हमेशा थोड़ा अजीब रहा।

जैसे वो मुझे समझ नहीं पाई...
और मैं उसे।

छपरा के सबसे अच्छे CBSE स्कूल में भी
मैं टिक नहीं पाया।

और एक दिन...

मुझे वहाँ से निकालकर
सरकारी स्कूल में डाल दिया गया।

सरकारी स्कूल में जो दोस्त मिले—

वो ही मेरी दुनिया बन गए।

किसी को दुकान खोलनी थी...
किसी को 12वीं के बाद दुबई जाना था...

हर किसी के पास
अपना-अपना रास्ता था।

बस...

एक मैं था—

जिसे ये भी नहीं पता था
कि जाना कहाँ है।

12वीं के बाद...

ज़िंदगी जैसे
एक चौराहे पर खड़ी थी।

मेरे दोस्त आगे बढ़ रहे थे—

कोई अलीगढ़ मुस्लिम यूनिवर्सिटी का फॉर्म भर रहा था...
कोई IIT दिल्ली का सपना देख रहा था...
तो कोई भदोही जाकर
कारपेट की फैक्ट्री में काम करने वाला था।

हर किसी के पास
एक दिशा थी...

एक जवाब था।

सबको पता था
उन्हें क्या करना है—

सिवाय मेरे।

मैं बस देख रहा था—

लोग आगे बढ़ रहे हैं...
और मैं
वहीं खड़ा हूँ।

न कोई प्लान...
न कोई सपना साफ...

सिर्फ एक सवाल—

“अब क्या?”

कभी-कभी...

सबसे बड़ा डर ये नहीं होता
कि रास्ता मुश्किल है...

बल्कि ये होता है कि
रास्ता है ही नहीं।

उसी समय...

मेरी बुआ के बेटे—
जो आज मीडिया की दुनिया में
एक जाना-पहचाना नाम हैं—

मैंने उनसे कहा—

“मुझे भी दिल्ली जाना है...
कुछ करना है...
बताइए, क्या कर सकता हूँ?”

उन्होंने बिना ज्यादा सोचे कहा—

"मीडिया का कोर्स करो...
आगे बहुत स्कोप है।"

क्योंकि वो खुद भी
एक मीडिया अकादमी में पढ़ाते थे।

शायद उनके लिए ये
एक सामान्य सलाह थी...

लेकिन मेरे लिए—

वही
एक रास्ता बन गई।

जहाँ मैं खड़ा था...

वहाँ से कोई दिशा दिख नहीं रही थी।

और अचानक—

किसी ने
एक दरवाज़ा खोल दिया।

मैंने ज्यादा सोचा नहीं...

बस उस रास्ते को पकड़ लिया।

यहीं से शुरू हुई—

मेरी यात्रा

एक ऐसी यात्रा

जिसमें सपनों से ज्यादा
सच्चाई थी।

और उस सच्चाई का
सबसे बड़ा हिस्सा था—

पैसों की कमी।

पापा के पास इतने पैसे नहीं थे
कि वो मुझे बाहर भेज सकें।

और मेरे अंदर
इतनी बेचैनी थी...

कि मैं छपरा में
रुक नहीं सकता था।

दोनों तरफ
अपनी-अपनी मजबूरी थी—

एक तरफ हालात...
और दूसरी तरफ सपना।

कभी सोचता हूँ—

अगर मैं रुक जाता...

तो शायद आज मैं भी
कोई ठेकेदार या कारोबारी

बुरा नहीं होता...

लेकिन—
वो मैं नहीं होता।

फिर आया...

12वीं का रिजल्ट।

हर बार की तरह
इस बार भी डर था—

लेकिन ये डर
1st या 2nd डिवीजन का नहीं था।

डर बस इतना था—

कहीं मैं फेल ना हो जाऊँ।

जब रिजल्ट आया...

तो जैसे एक सांस मिली।

अब बारी थी—

घर वालों को मनाने की।

मैंने जिद पकड़ ली—

"मुझे दिल्ली जाना है।"

मम्मी मान गईं...

लेकिन पापा नहीं माने।

उन्होंने साफ कह दिया—

"कहीं नहीं जाना है...
यहीं कुछ करो।"

मैं समझता था उन्हें...

उनकी मजबूरी भी थी...
और डर भी।

क्योंकि मैं जानता था—

उनके पास पैसे नहीं थे।

लेकिन

कभी-कभी
सपने हालात से बड़े हो जाते हैं।

जिस दिन मेरी ट्रेन थी...

घर में ज्यादा कुछ नहीं बदला था—

लेकिन मेरे अंदर
सब बदल रहा था।

मैं जा रहा था...

पहली बार
घर से इतना दूर।

पूरा भरोसा था...
साफ रास्ता...

बस एक फैसला था—

जाना है।

मम्मी चुप थीं...

जैसे हर माँ होती है
जब उसका बच्चा घर छोड़ रहा होता है।

उन्होंने बिना कुछ कहे...

चुपचाप मेरे हाथ में
500 रुपये रख दिए।

कोई बड़ी रकम नहीं थी...

लेकिन उस दिन—

वो मेरे लिए
सबसे बड़ी ताकत थी।

पापा का एक नया सूटकेस था...

मैंने बिना पूछे
उसे उठा लिया।

शायद वो सूटकेस नहीं था—

वो मेरे साथ
घर का एक हिस्सा था।

मेरे पास बहुत कुछ नहीं था—

कुछ कपड़े...
कुछ जरूरी सामान...

लेकिन उस दिन—

मेरे पास जो सबसे बड़ी चीज थी—

वो था...

एक अजीब-सा भरोसा।

और मैं निकल पड़ा—

दिल्ली की ओर।

कभी-कभी...

ज़िंदगी बदलने के लिए
बस
500 रुपये और एक हिम्मत ही काफी होती है।

लेकिन...

ये कहानी सिर्फ मेरी नहीं है।

ये कहानी उस घर की भी है—

जिसने मुझे बनाया।

मैंने अपने घर में
हर तरह की परेशानी देखी है—

ज़मीन-जायदाद के झगड़े...
बहनों की शादी के लिए ज़मीन बेचना...
गहने गिरवी रखना...

और कभी-कभी ऐसे दिन भी—

जब खाने के लिए
बहुत कुछ नहीं होता था।

लेकिन...

मम्मी जो प्यार से बना देती थीं—

हम उसी को
सब कुछ मान लेते थे।

मेरा घर...

बहुत बड़ा है।

इतना बड़ा कि आज शहरों में
जिसे "कोठी" या "बंगला" कहते हैं...

वैसी कई कोठियाँ उसमें समा जाएँ।

लेकिन उस घर की
असली पहचान—

उसका आकार नहीं था...

उसके अंदर चल रही
कहानियाँ थीं।

मेरे पापा...

चार भाइयों में से एक थे—

और चारों में
सिर्फ वही घर पर रहे।

बाकी सब...

अपने-अपने काम के लिए
बाहर चले गए।

लेकिन...

घर को अगर किसी ने
सच में संभाला—

तो वो मेरे पापा थे।

उन्होंने उस ज़मीन के लिए...
उस घर के लिए...

अपने ही लोगों से
लड़ाइयाँ लड़ीं।

समय बीतता गया...

और आज—

जब न लड़ने की ताकत बची...
न ज़मीन वैसी रही...

तो सबको
रिश्ते याद आने लगे।

और शायद...

यही सच है—

ज़मीन, पैसा... सब यहीं रह जाता है...
आखिर में याद आते हैं—
बस रिश्ते।

हम चार भाई-बहन थे...

मैं सबसे बड़ा...

मुझसे दो बड़ी बहनें...
और एक छोटा भाई।

और अगर सच कहूँ—

तो ये चार लोग...
और मम्मी-पापा—

यही हैं...

मेरे हिस्से के लोग।

लेकिन...

समय के साथ
एक दिन वो सवाल फिर आया—

"घर कौन संभालेगा?"

मेरा छोटा भाई भी
कुछ साल दिल्ली में
मेरे साथ रहा।

वो मुझसे हर मायने में बेहतर था—

पढ़ाई में भी...
लोगों से मिलने-जुलने में भी...
और रिश्तों को निभाने में भी।

एक दिन...

मैंने उससे कहा—

“घर पर मम्मी-पापा हैं...
तो हम दोनों में से किसी एक को
वापस जाना होगा...”

“अगर हम दोनों ही बाहर रहेंगे...
तो घर को संभालेगा कौन?”

उसने ज्यादा सोचा नहीं...

बस इतना कहा—

“मैं जाऊँगा।”

उस दिन...

हम दोनों ने
सिर्फ रास्ते नहीं चुने थे—

हमने
जिम्मेदारियाँ चुनी थीं।

उसने घर चुना—

जहाँ उसे मिले—
मम्मी-पापा...

अपना शहर...
अपने लोग...

और मैंने चुना—

शहर...

नौकरी...
भागदौड़...
और एक ऐसा जीवन—

जहाँ पहचान बनती भी है...
और कई बार खो भी जाती है।

आज...

वो अपने शहर में है—

लोगों के बीच...
अपनेपन के साथ...

और मैं...

भीड़ के बीच...

थोड़ा-सा
खोया हुआ।

लेकिन...

सच यही है—

हम दोनों में से
कोई भी गलत नहीं था।

बस...

हमने अलग-अलग रास्ते चुने थे।

एक ने घर चुना...
एक ने रास्ता...

लेकिन सच ये है—

दोनों ही
अपने-अपने तरीके से
घर को ही संभाल रहे थे।

दिल्ली — एक नया सफर

दिल्ली...

नाम तो पहले भी सुना था।

टीवी पर देखा था...
लोगों से सुना था...

लेकिन असल में—
ये शहर क्या है...
ये तब समझ आया
जब मैं यहाँ आया।

12वीं के बाद...

जब मैं दिल्ली पहुँचा—
तो ऐसा लगा जैसे
किसी नई दुनिया में आ गया हूँ।

घर से तो निकल आया था...

लेकिन सच कहूँ—
मुझे ये बिल्कुल नहीं पता था
कि करना क्या है...

कैसे होगा...
और आगे रास्ता
किस तरफ जाएगा।

दिल्ली पहुँचते ही...

भइया ने मेरा एडमिशन
एक संस्थान में करवा दिया।

वो मीडिया की पढ़ाई का एक संस्थान था—
जहाँ वीडियो एडिटिंग
और ग्राफिक डिजाइनिंग सिखाई जाती थी।

यहीं से...

मेरी पढ़ाई फिर से शुरू हुई—

थोड़ी अलग...
लेकिन शायद पहली बार
दिल के करीब।

उसी संस्थान में
भइया कभी-कभी
गेस्ट फैकल्टी बनकर पढ़ाने भी आते थे।

मेरे लिए ये सब नया था—

नया शहर...
नए लोग...
नया माहौल...

और सबसे बड़ा—

एक नई शुरुआत।

लेकिन...

हर नई शुरुआत के साथ
कुछ सवाल भी आते हैं।

मैं रोज क्लास जाता था...

सीखता था...
समझने की कोशिश करता था...

लेकिन अंदर कहीं
एक चीज़ हमेशा रहती थी—

"क्या मैं सही जगह पर हूँ?"

क्योंकि...

मेरे पास कोई clear plan नहीं था।

ना कोई backup...

ना कोई safety net...

बस एक भरोसा था—

कि कुछ तो होगा।

धीरे-धीरे...

दिल्ली मुझे समझ में आने लगी।

यहाँ हर कोई
किसी ना किसी वजह से आया था।

कोई नौकरी के लिए...
कोई पढ़ाई के लिए...
कोई सपनों के लिए...

और हर कोई...

अपने-अपने संघर्ष में लगा हुआ था।

मैं भी...

उन्हीं में से एक था।

क्लास खत्म होती...

तो मैं आसपास के लोगों को देखता रहता।

किसी के चेहरे पर confidence था...
किसी के चेहरे पर डर...

किसी को पता था
उसे क्या करना है...

और कुछ लोग—
मेरी तरह...

बस
समझने की कोशिश कर रहे थे।

दिल्ली ने मुझे
पहले ही दिन
एक चीज़ सिखा दी—

यहाँ...

कोई आपका इंतज़ार नहीं कर रहा।

आपको खुद ही
अपनी जगह बनानी होती है।

और अगर आप रुक गए...

तो कोई आपको
धक्का देकर आगे नहीं बढ़ाएगा।

आप बस...

भीड़ का हिस्सा बन जाओगे।

और शायद...

यही इस शहर की सबसे बड़ी सच्चाई है।

लेकिन...

इसी सच्चाई में
एक मौका भी छुपा होता है।

क्योंकि...

यहाँ कोई आपको रोकता भी नहीं है।

अगर आप गिरते हो—
तो उठना भी आपको ही है।

और अगर आप आगे बढ़ते हो—
तो वो भी
आपकी ही मेहनत होती है।

धीरे-धीरे...

मैंने खुद को
इस शहर के हिसाब से ढालना शुरू किया।

छोटी-छोटी चीज़ें सीखीं—

लोगों से बात करना...
काम को समझना...
और सबसे जरूरी—

खुद पर भरोसा रखना।

लेकिन...

सफर अभी शुरू हुआ था।

अभी मुझे
इस शहर के असली रंग देखने बाकी थे।

और शायद...

मैं भी
उसके लिए पूरी तरह तैयार नहीं था।

दिल्ली... जहाँ वजहें भी अलग होती हैं

समय धीरे-धीरे आगे बढ़ता गया...

और दिल्ली मुझे समझ में आने लगी।

हर दिन कुछ नया सिखाता था।

एक दिन की बात है...

दरवाजे पर किसी ने दस्तक दी।

भइया ने कहा—
"जाकर देखो, कौन है।"

मैंने दरवाजा खोला...

सामने एक लड़का खड़ा था।

मैं उस समय 19 साल का था...
और वो करीब 25–26 का रहा होगा।

मैंने पूछा—
"किससे मिलना है?"

उसने कहा—
"भइया से।"

मैं अंदर गया...
भैया को बताया...

भइया बोले—
“जाकर पूछो, क्या काम है।”

मैं फिर बाहर गया...
और उससे पूछा—
“क्या काम है?”

वो अचानक बहुत गंभीर हो गया...

और बोला—
“मुझे कुछ पैसे चाहिए...
आज मेरी गर्लफ्रेंड का बर्थडे है।”

मैं एक पल के लिए चुप रह गया।

अंदर आकर मैंने भैया को बताया...

और भइया ने बिना कुछ कहे
उसे 500 रुपये दे दिए।

मैं सोच में पड़ गया...

पैसे तो लोग बीमारी में मांगते हैं...
फीस भरने के लिए मांगते हैं...

ये पहली बार देखा कि कोई
गर्लफ्रेंड का बर्थडे मनाने के लिए पैसे मांग रहा है।

और सच कहूं...

उस दिन मैं ये सोचकर
बहुत देर तक हंसता रहा।

दिल्ली मुझे हर दिन कुछ नया सिखा रही थी—

कभी जिम्मेदारी...
कभी रिश्ते...
और कभी...

लोगों की अलग-अलग दुनिया।

*"हर शहर की अपनी कहानी होती है...
और दिल्ली की कहानी थोड़ी अलग होती है।"*

छत के नीचे आसमान

मेरी इंटर्नशिप खत्म हो चुकी थी...

और सच ये था कि—
अब मेरे पास
न रहने की जगह थी,
न जेब में पैसे।

दिल्ली जैसे शहर में...

जब सिर पर छत ना हो—
तो भीड़ के बीच भी
इंसान अकेला पड़ जाता है।

उसी वक्त...

मुझे याद आए—
अपने ही शहर छपरा के एक भईया।

कटवारिया सराय में रहते थे।

नाम था—
कन्हैया कुमार।

लेकिन हम सब
उन्हें प्यार से कहते थे—
के.के. भईया।

के.के. भईया UPSC की तैयारी कर रहे थे।

पढ़ाई में तेज़...
और जिंदगी में उससे भी ज्यादा सख्त।

उनके बारे में
एक किस्सा बहुत मशहूर था—

एक बार...

उनके यहाँ एक प्लम्बर आया
नल ठीक करने।

बातों-बातों में पता चला—
वो भी बिहार से है।

भईया ने उससे पूछा—
"कहाँ तक पढ़े हो?"

उसने कहा—
"बारहवीं तक...
फिर काम करने दिल्ली आ गया।"

भईया ने वहीं
उसका छोटा-सा टेस्ट लिया...

और फिर उसे समझाया—

"थोड़ी और पढ़ाई करो...
मेरे पास आओ...
मैं गाइड करूँगा।"

कुछ महीनों बाद...

वही प्लम्बर फिर आया—

लेकिन इस बार...

वो प्लम्बर नहीं था।

साफ-सुथरे कपड़े...
आत्मविश्वास भरा चेहरा...

और उसने बताया—
उसकी बैंक में नौकरी लग गई है।

उस दिन...

के.के. भईया ने
सबको पार्टी दी थी।

हम सबके लिए...

जब कुछ समझ ना आए—
तो एक ही जवाब होता था—

"के.के. भईया से पूछ लो।"

उनकी जिंदगी...

घड़ी की सुइयों पर चलती थी।

दरवाज़े पर टाइम-टेबल चिपका रहता था—

कब खाना है...
कब पढ़ना है...
कब मिलना है...

सब कुछ तय।

जब मेरे पास रहने की जगह नहीं बची...

तो मैं उन्हीं के पास गया।

धीरे से कहा—

"भईया...
कुछ दिन अपने पास रख लीजिए..."

उन्होंने मेरी तरफ देखा...

वो मेरी हालत समझते थे।

फिर बोले—

*"सामान तुम कमरे में रख सकते हो...
लेकिन सोना तुम्हें छत पर होगा।"*

मैंने बिना सोचे
"हाँ" कह दिया।

कारण साफ था—

वो रात में पढ़ते थे...

और उन्हें
किसी भी तरह की
डिस्टर्बेंस नहीं चाहिए थी।

और इस तरह...

मेरी जिंदगी का
एक नया अध्याय शुरू हुआ—

छत पर।

आप यकीन नहीं करेंगे...

मैंने कई महीने
एक दरी और एक तकिए के साथ
छत पर सोकर गुजारे हैं।

छठी मंज़िल की छत...

नीचे शहर की आवाज़ें...

और ऊपर—
सिर्फ आसमान।

थोड़ी राहत बस इतनी थी—
मौसम गर्मियों का था।

लेकिन...

रातें आसान नहीं होती थीं।

उस समय
मेरे पास मोबाइल भी नहीं था।

घर बात करने के लिए
पीसीओ जाना पड़ता था।

जब भी माँ से बात करता...

आवाज़ भर्रा जाती।

कुछ कह नहीं पाता था—
बस रोता रहता था।

माँ पूछती—

"सब ठीक है ना?"

और मैं हर बार कहता—

"हाँ... सब ठीक है।"

लेकिन सच ये था—

कुछ भी ठीक नहीं था।

ना घर जा सकता था...
ना ठीक से रह पा रहा था...

कोई नहीं था
जिससे खुलकर बात कर सकूँ...

भीड़ भरे इस शहर में...

मैं पहली बार
सच में अकेला था।

लेकिन...

शायद उसी अकेलेपन ने
मुझे मजबूत भी बनाया।

क्योंकि...

कभी-कभी जिंदगी
आपको वहीं ले जाकर खड़ा करती है—

जहाँ आपके पास
कोई नहीं होता।

ताकि...

आप खुद को
ढूँढ सकें।

और उन रातों में...

छत पर लेटे-लेटे
मैं अक्सर आसमान को देखता था।

और सोचता था—

"क्या सच में...
मेरी जिंदगी यहीं से शुरू हो रही है?"

शायद...

वो छत नहीं थी—

वो मेरी जिंदगी का
सबसे बड़ा स्कूल था।

जहाँ...

ना कोई टीचर था...
ना कोई क्लास...

लेकिन हर रात...

एक नया सबक मिलता था।

काली शर्ट — पहली हार

कुछ हारें...

बहुत छोटी दिखती हैं।

लेकिन उनका असर—
बहुत बड़ा होता है।

उस दिन भी...

कुछ ऐसा ही हुआ था।

मैं कपड़े प्रेस कराने गया था ...

रास्ते में
एक छोटी-सी दुकान थी।

मैं यूँ ही
रुक गया।

और तभी...

मेरी नजर पड़ी—
एक काली शर्ट पर।

बहुत साधारण थी...

ना कोई ब्रांड...
ना कोई खास डिज़ाइन...

लेकिन जाने क्यों—
वो मुझे बहुत पसंद आ गई।

मैं कुछ देर
उसे देखता रहा।

फिर अंदर गया...

पूछा—
“भइया, कितने की है?”

उसने कहा—
“200 रुपये।”

बस...

इतना ही।

200 रुपये।

एक बहुत छोटी रकम।

लेकिन उस दिन...

मेरे लिए
बहुत बड़ी थी।

मैंने जेब टटोली...

कुछ सिक्के...
कुछ मुड़े हुए नोट...

लेकिन 200 पूरे नहीं थे।

मैं कुछ सेकंड
वहीं खड़ा रहा।

फिर...

चुपचाप बाहर आ गया।

दुकानदार ने कुछ नहीं कहा।

मैंने भी कुछ नहीं कहा।

लेकिन...

अंदर बहुत कुछ चल रहा था।

पहली बार...

मुझे महसूस हुआ—

पैसे की कमी
सिर्फ चीज़ें नहीं रोकती...

कई बार...

वो आपको
अंदर से छोटा कर देती है।

उस दिन...

मैंने कुछ खोया नहीं था।

लेकिन...

कुछ टूट गया था।

एक एहसास...
एक भरोसा...

कि
"मैं कर लूंगा..."

वो पहली बार
हिल गया था।

मैं कमरे पर वापस आया...

बैठा...
काफी देर तक चुप रहा।

और फिर...

पहली बार
मैंने सोचा —

"एक दिन ऐसा आएगा...
जब मुझे कुछ खरीदने से पहले
सोचना नहीं पड़ेगा।"

उस दिन...

वो शर्ट
मैं नहीं खरीद पाया।

लेकिन...

उस शर्ट ने
मुझे खरीद लिया।

मेरी सोच बदल दी...
मेरी भूख बदल दी...
मेरी दिशा बदल दी।

आज...

जब मैं पीछे मुड़कर देखता हूँ—

तो समझ आता है—

वो 200 रुपये की शर्ट
कभी सिर्फ एक शर्ट नहीं थी।

वो थी—

मेरी पहली हार।

और शायद...

मेरी पहली
असली शुरुआत भी।

“जब मैं छपरा में रहता था,
तो अपनी पसंद के कपड़े लेने के लिए पटना तक जाया करता था। उस समय ‘Ruff & Tuff’ की जीन्स नई-नई आई थी...

लेकिन यहाँ—
बउआ तो अपनी ज़िद पर दिल्ली आ गए थे।”

एक गलती... जो रास्ता बन गई

दिल्ली में...

जब सब कुछ धीरे-धीरे
ठीक होने लगता है...

तभी ज़िंदगी
एक नया मोड़ ले लेती है।

मेरी इंटर्नशिप खत्म हो चुकी थी...

और मैं उसी प्रोडक्शन हाउस से
जुड़ा हुआ था—

जहाँ से मैंने
सब कुछ सीखना शुरू किया था।

उस जगह ने मुझे
सिर्फ काम नहीं सिखाया था...

उसने मुझे
अनुशासन सिखाया था।

वहाँ के डायरेक्टर थे—
अशोक रैना सर।

उनका तरीका थोड़ा अलग था।

पहली बार जब मैं उनसे मिला...

तो उन्होंने कहा—

“वैसे मुझे बिहारियों से ज्यादा लगाव नहीं है...”

“...लेकिन अगर तुम्हें कुछ सीखना है—
तो सुबह मेरे आने से पहले आना,
और मेरे जाने के बाद ही जाना।”

ऑफिस का समय था—

सुबह 8 बजे से
रात 11 बजे तक।

मेरे पास कोई दूसरा रास्ता नहीं था।

मैंने “हाँ” कह दिया।

दिन लंबे होते थे...

और रातें उससे भी लंबी।

लेकिन...

मैं सीख रहा था।

चुपचाप...

पीछे बैठकर
हर चीज़ observe करता था।

एडिटिंग...

मैंने वहीं सीखी।

जब भी सर किसी बड़े प्रोजेक्ट पर काम करते...

मैं पीछे खड़ा होकर
बस देखता रहता था।

वहीं...

एक और दुनिया थी—

मुरली।

मुरली ऑफिस में काम करता था—

छोटे-मोटे काम...
सफाई...
और जो भी कहा जाए।

उसकी पत्नी और छोटा बच्चा...

ऑफिस के ऊपर बने
एक छोटे से कमरे में रहते थे।

दिन में वो ऊपर रहते...

और रात में—

पूरा परिवार
ऑफिस में ही जीता था।

वहीं खाना बनता...
वहीं टीवी चलता...

और वहीं
ज़िंदगी चलती।

मुरली को देखकर...

मुझे समझ आया—

ज़िंदगी...

सिर्फ सपनों से नहीं चलती...

कई बार
वो बस चलती रहती है।

समय बीतता गया...

और मैं भी
उस माहौल का हिस्सा बन गया।

फिर...

एक दिन कुछ अलग हुआ।

ऑफिस में
एक बड़ा प्रोजेक्ट चल रहा था—

टूरिज़्म की एक फिल्म।

शायद देश के बाहर रिलीज़ होनी थी।

ऑफिस में लगातार
बड़े लोग आ-जा रहे थे...

मीटिंग्स...
डिस्कशन...

हर तरफ
एक अलग ही माहौल था।

और मेरा काम?

चाय पूछना...
खाना मंगवाना...
और छोटे-मोटे काम करना।

लेकिन उस रात...

मेरे अंदर कुछ बदला।

मैंने सोचा—

"क्यों ना मैं भी
इस फिल्म को
अपने तरीके से एडिट करके देखूं?"

मैं ऑफिस में ही रुक गया।

उस प्रोजेक्ट की एक कॉपी बनाई...

और अपनी एक अलग timeline पर
पूरी फिल्म एडिट करनी शुरू कर दी।

रात गुजर गई...

और सुबह होते-होते...

मैं थक चुका था।

लेकिन...

काम पूरा हो चुका था।

और यहीं...

मैं एक गलती कर गया।

मैं अपनी timeline
डिलीट करना भूल गया।

अगले दिन...

ऑफिस में बड़े अधिकारी आए हुए थे।

उन्हें वही फिल्म देखनी थी—

final review के लिए।

रैना सर सिस्टम के सामने बैठे...

और उन्होंने फाइल ओपन की।

लेकिन...

जो खुला...

वो उनकी बनाई फिल्म नहीं थी।

वो मेरी timeline थी।

फिल्म चल पड़ी...

पहले कुछ सेकंड...

फिर कुछ मिनट...

कमरे में बैठे लोग
ध्यान से देख रहे थे।

और मैं...

पीछे खड़ा...

साँस रोके...

बस स्क्रीन को देख रहा था।

थोड़ी देर बाद...

सर को समझ आ गया—

ये उनकी फिल्म नहीं है।

लेकिन...

उन्होंने कुछ नहीं कहा।

फिल्म पूरी चलने दी।

और जब लाइट जली...

तो जो हुआ...

उसकी मैंने कल्पना भी नहीं की थी।

कमरे में बैठे लोगों को
वो फिल्म पसंद आई।

बहुत पसंद आई।

उस एक पल में...

सब कुछ बदल रहा था।

लेकिन मुझे नहीं पता था—

ये बदलाव
मुझे कहाँ ले जाएगा।

क्योंकि...

यहीं से शुरू हुआ था—

मेरे आखिरी दिन का सफर।

कभी-कभी...

एक गलती...

आपको वहाँ पहुँचा देती है—

जहाँ पहुँचने की
आपने सोची भी नहीं होती।

लेकिन...

हर शुरुआत के साथ
एक अंत भी होता है।

और उस दिन...

मैंने ये बात
पहली बार महसूस की।

क्योंकि...

उस कहानी का अगला हिस्सा—

मुझे
सड़क पर लेकर आने वाला था।

पहली कमाई

इंटर्नशिप खत्म हो चुकी थी...

और सच ये था—
अब मेरे पास
न कोई पक्का काम था,
न रहने की जगह,
न ही जेब में पैसे।

दिल्ली में टिके रहने के लिए...

सिर्फ हिम्मत नहीं,
पैसा भी चाहिए होता है।

और उस समय...

मेरे पास
सिर्फ हिम्मत थी।

उसी प्रोडक्शन हाउस में...

जहाँ मैं इंटर्नशिप करता था,
एक सर अक्सर आया करते थे—

अमन सर।

उनके कई शूट और एडिट
वहीं होते थे।

धीरे-धीरे...

उनसे मेरी पहचान हो गई थी।

मुझे ग्राफिक डिजाइन
और वीडियो एडिटिंग का
अच्छा कमांड था।

इसलिए...

कभी-कभी वो मुझे
अपने प्रोजेक्ट्स के लिए
छोटे-मोटे काम दे देते थे।

लेकिन अब...

इंटर्नशिप खत्म हो चुकी थी।

या यूँ कहूँ—

मुझे निकाल दिया गया था।

उस समय...

एक ही सवाल था—

"अब क्या?"

दिल्ली में रहना है तो
पैसे चाहिए...

और पैसे के लिए—
काम।

एक रात...

अचानक फोन बजा।

सक्रीन पर नाम था—
अमन सर।

उन्होंने पूछा—
"कहाँ हो? क्या कर रहे हो?"

मैंने बिना सोचे कहा—
"सर... कुछ नहीं...
अगर आपके पास कोई काम हो,
तो मुझे रख लीजिए।"

कुछ सेकंड की चुप्पी...

फिर उन्होंने कहा—

"हम लोग दूरदर्शन के लिए
एक सीरीज़ बना रहे हैं..."

"उसका एक मोंटाज बनाना है...
क्या तुम कर सकते हो?"

मैंने बिना सोचे कहा—
"हाँ, मैं कर दूँगा।"

अगले दिन...

मैं उनसे मिलने पहुँचा।

उन्होंने मुझे
पूरा कॉन्सेप्ट समझाया—

क्या बनाना है...
कैसे बनाना है...

और उस काम के लिए
मुझे कुछ और लोगों को भी
साथ लेना था।

फिर उन्होंने मुझसे पूछा—

“कितना पैसा लोगे?”

सच कहूँ तो...

मुझे उस समय
फ्रीलांस काम का
कोई अनुभव नहीं था।

मैंने बस इतना कहा—

“सर... आप जो ठीक समझें, दे दीजिए।”

और मैं काम में लग गया।

दिन-रात एक कर दिए हमने।

हर फ्रेम...
हर कट...
हर म्यूज़िक...

सबमें
अपनी पूरी मेहनत डाल दी।

जब काम पूरा हुआ...

और मैंने वो मोंटाज
अमन सर को दिखाया...

तो उनकी आँखों में
एक अलग-सी चमक थी।

वो खुश थे।

बहुत खुश।

उन्होंने कुछ नहीं कहा...

बस एक चेक
मेरी तरफ बढ़ा दिया।

मैंने देखा—

₹35,000

वो...

मेरी जिंदगी की
पहली कमाई थी।

उस पैसे में...

सिर्फ रकम नहीं थी—

उसमें मेरा विश्वास था...
मेरी मेहनत थी...

और वो डर था—
जो अब धीरे-धीरे
खत्म हो रहा था।

सबसे पहले...

मैंने उन लोगों को
उनका मेहनताना दिया...

जिन्होंने मेरे साथ काम किया था।

और जो पैसे बचे...

उनसे मैंने
एक छोटा-सा कमरा किराए पर लिया।

किराया था—

₹1900

उस कमरे में मैंने खरीदा—

एक गद्दा...
एक बाल्टी...
एक मग...

और थोड़ा-सा किचन का सामान।

वो कमरा छोटा था...

लेकिन पहली बार—

वो मेरा था।

उस दिन...

पहली बार लगा—

शायद अब
मैं अपने पैरों पर
खड़ा हो सकता हूँ।

और अगर आज...

पीछे मुड़कर देखता हूँ—

तो समझ आता है—

अमन सर जैसे लोग ही
असल में...

मेरे हिस्से के लोग हैं।

जिन्होंने मुझे मौका दिया...
मुझ पर भरोसा किया...

और कहीं न कहीं...

मुझे बनने में
अपना हिस्सा दिया।

असल में मेरी पहली नौकरी

दिल्ली के मीडिया में...

मेरी कोई पहचान नहीं थी।

ना कोई जान-पहचान...
ना कोई रेफरेंस...

और बिना रेफरेंस के
नौकरी मिल जाए—

ये लगभग नामुमकिन था।

मैं रोज निकलता था...

कभी किसी टीवी चैनल के ऑफिस...
कभी किसी प्रोडक्शन हाउस...

कई जगह...

गार्ड ही अंदर नहीं जाने देते थे।

तो मैं अपना रिज़्यूमे
उन्हीं के पास छोड़कर
वापस आ जाता।

ऐसे ही...

कई महीने गुजर गए।

ना नौकरी मिली...
ना पैसे बचे।

एक दिन...

मैं फिर उसी प्रोडक्शन हाउस में था
जहाँ मैं पहले काम करता था।

वहीं एक अखबार पड़ा था।

उसमें एक खबर थी—

भारत सरकार के एक
सरकारी टीवी चैनल में
एडिटर की वैकेंसी निकली थी।

योग्यता में लिखा था—

3 साल का अनुभव।

और मेरे पास?

एक साल का अनुभव...
और थोड़ा-बहुत फ्रीलांस काम।

लेकिन...

उस दिन मैंने एक फैसला लिया।

मैंने अपने रिज़्यूमे में लिख दिया—

3 साल का अनुभव।

साथ में...

अपनी कुछ शो-रील
एक DVD में डाल ली।

सोचा—

अगर मौका मिला
तो दिखा दूँगा।

फॉर्मल कपड़े पहनकर
मैं इंटरव्यू देने पहुँचा।

मेरी उम्र उस समय
सिर्फ 19 साल थी।

ऑफिस के बाहर
लंबी लाइन लगी थी।

मैं सबसे छोटा लग रहा था...

कुछ लोग मुझे देखकर
हँस भी रहे थे।

फिर...

मेरा नंबर आया।

मैं अंदर गया।

सामने पाँच लोग बैठे थे—

एक बड़े IAS अधिकारी...
एक IIS अधिकारी...
और बाकी वरिष्ठ लोग।

उन्होंने मेरी CV देखी...

और अचानक
माहौल बदल गया।

मुख्य अधिकारी ने मुझे देखा
और कहा—

"तुम्हारे पास तो कोई अनुभव ही नहीं है...
तुमने अप्लाई कैसे कर दिया?"

फिर वो गुस्से में बोले—

"ये कोई मजाक है क्या?"
"तुमने हमारा समय बर्बाद किया है!"

उन्होंने मेरा रिज़्यूमे उठाया...

और साइड में फेंक दिया।

और फिर एक शब्द—

"Get out."

मैं डर गया।

इतना कि...

समझ ही नहीं आया
क्या कहूँ... क्या करूँ।

लेकिन जाने से पहले...

मैंने हिम्मत करके
बस इतना कहा—

"सर... मेरी कोई पहचान नहीं है
जो मेरी सिफारिश कर सके..."

"मुझे नौकरी की बहुत जरूरत है..."

"मुझे काम आता है...
और यहाँ बहुत लोग ऐसे हैं
जो सिर्फ सिफारिश से आए हैं..."

बस...

इतना सुनना था कि
वो और गुस्से में आ गए।

"निकलो यहाँ से!"

मैं बाहर आ गया।

इतना घबरा गया था कि
अपने ओरिजिनल सर्टिफिकेट भी
वहीं छोड़ आया।

ऑटो में बैठा...

और पूरे रास्ते
बस यही सोचता रहा—

"अब बस...
कल की ट्रेन देखता हूँ...
और वापस घर चला जाता हूँ...

"कुछ नहीं होगा मुझसे..."

मैं कमरे पर पहुँचा ही था...

कि फोन बजा।

उधर से आवाज आई—

"आपको कल 11 बजे ऑफिस बुलाया है।"

मैंने पूछा—

"किसलिए?"

जवाब मिला—

"हमें नहीं पता... आप बस आ जाइए।"

मैंने सोचा—

शायद सर्टिफिकेट लेने के लिए बुलाया होगा।

अगले दिन...

मैं जींस-टीशर्ट में पहुँचा।

मुझे अंदर बुलाया गया।

वही अधिकारी सामने बैठे थे।

उन्होंने मेरी तरफ देखा...

और बोले—

"कल तुमने जो कहा...
और जिस तरीके से कहा..."

"वैसे किसी के सामने
दोबारा मत बोलना।"

मैं चुप खड़ा रहा।

फिर उन्होंने कहा—

"मैं तुम्हें ये नौकरी दे रहा हूँ..."

"...क्योंकि तुमने सच बोला।"**

एक पल के लिए...

मुझे विश्वास ही नहीं हुआ।

लेकिन उन्होंने आगे कहा—

"इसका मतलब ये मत समझना
कि नौकरी मिल गई..."

"तुम्हें काम करना होगा...
और खुद को साबित करना होगा।"

उस दिन...

मेरे लिए
किसी चमत्कार से कम नहीं था।

धीरे-धीरे...

वही लोग
जो मुझे रिजेक्ट कर चुके थे...

मुझे पहचानने लगे।

और कुछ समय बाद...

मैं अपनी तारीफ नहीं कर रहा...
लेकिन ऑफिस में किए गए मेरे काम—डॉक्यूमेंट्री, प्रोमो और *Fairs of India* सीरीज़—
लोगों को पसंद आते थे।

और शायद...

यहीं से शुरू हुआ था—

मेरी जिंदगी के बदलने का
असली सफर।

मेरा छोटा भाई अभिषेक

मेरा छोटा भाई भी कुछ साल दिल्ली में मेरे साथ रहा।

वो मुझसे हर मायने में बेहतर था—
पढ़ाई में भी...
लोगों से मिलने-जुलने में भी...
और रिश्तों को निभाने में भी।

साल 2011 की बात है...

एक दिन मैंने उससे कहा—

"घर पर मम्मी-पापा हैं...
तो हम दोनों में से किसी एक को
वापस जाना होगा।

अगर हम दोनों ही बाहर रहेंगे...
तो घर को संभालेगा कौन?"

उसने बहुत सोचकर नहीं...
बहुत महसूस करके जवाब दिया—

"मैं जाऊँगा..."

उस दिन...
हम दोनों ने अपने-अपने रास्ते नहीं चुने थे...

हमने अपनी-अपनी जिम्मेदारियाँ चुनी थीं।

उसने घर चुना—

जहाँ उसे मिले...
मम्मी-पापा...
अपना शहर...
अपने लोग...

और आज...
वो अपने शहर का हीरो है।

वहीं रहकर...
उसने अपनी एक अलग पहचान बना ली है।

और मैंने...

मैंने शहर चुना।

नौकरी...
भागदौड़...
और एक ऐसा जीवन—

जहाँ पहचान बनती भी है...
और कई बार खो भी जाती है।

वो घर में रहा—
लोगों के बीच...
अपनेपन के साथ।

और मैं...

शहर में रहा—
भीड़ के बीच...
थोड़ा-सा खोया हुआ।

उसके पास आज...
घर है...
माँ-बाप हैं...
अपना शहर है...

और एक पहचान है—
जो लोगों के बीच बनती है।

और मेरे पास...

काम है...
कहानियाँ हैं...
और कुछ गिने-चुने लोग हैं...
जो सच में अपने हैं।

लेकिन सच यही है—

हम दोनों में से कोई भी गलत नहीं था।

बस...
हमने अलग-अलग रास्ते चुने थे।

घर में रहने वालों की अपनी परेशानियाँ होती हैं...
और घर से बाहर रहने वालों की अपनी।

दोनों ही अपनी-अपनी लड़ाई लड़ रहे होते हैं...
बस रास्ते अलग होते हैं।

और इस बात की मुझे सबसे ज्यादा खुशी है—

कि मेरे भाई ने
अपने शहर में
अपनी पहचान बना ली है।

" एक ने घर चुना...
एक ने रास्ता।

लेकिन सच ये है—
दोनों ही अपने-अपने तरीके से
घर को ही संभाल रहे थे।"

एक आवाज़ की शुरुआत - रेडियो मयूर 90.8 FM

कम्युनिटी रेडियो...
पहली बार ये शब्द मैंने अपने एक दोस्त से सुना था।

वो उत्तराखंड में किसी कम्युनिटी रेडियो स्टेशन को विज़िट करने जा रही थी।
तभी मैंने उससे पूछा—

"ये कम्युनिटी रेडियो होता क्या है?"

उसने मुझे समझाया...
और उसी पल मेरे दिमाग में एक ख्याल आया—

अगर ये हमारे छपरा शहर में शुरू हो जाए तो?

वो सिर्फ एक आइडिया नहीं था।
वो एक सपना बन गया।

एक ऐसा सपना—
जो मेरे शहर के लिए नया था,
और मेरे छोटे भाई अभिषेक के लिए
एक रास्ता भी बन सकता था।

क्योंकि मैं जानता था—
वो घर पर रहकर कुछ करना चाहता है।

लेकिन...
जितना आसान था ये सोचना,
उतना ही मुश्किल था उसे हकीकत बनाना।

एक रेडियो स्टेशन शुरू करना—
उसे बनाना...
और उसका लाइसेंस लेना—

ये कोई छोटा काम नहीं था।

साल था—2011।

मैं और अभिषेक दोनों
इस पर रिसर्च करने लगे—

लाइसेंस कैसे मिलता है?
कितना पैसा लगेगा?
और क्या-क्या करना होगा?

उस समय मेरी सैलरी थी—
₹15,000।

और मेरे अकाउंट में बचे थे—
₹300।

जब पूरी जानकारी मिली,
तो पता चला—

एक कम्युनिटी रेडियो स्टेशन खोलने में
करीब 20–25 लाख रुपये लगेंगे।

और अगर उसे अच्छे स्तर का बनाना है—
तो 10 लाख और जोड़ लो।

पैसे... हमारे पास नहीं थे।

लेकिन सपना था।
और वही एक रास्ता दिख रहा था।

हमने तय कर लिया—
करना है।

कम्युनिटी रेडियो का लाइसेंस
किसी व्यक्ति को नहीं मिलता।

ये हमेशा किसी
NGO या अकादमिक संस्था के नाम पर मिलता है।

खुशकिस्मती से...
हमारे पास एक रास्ता था।

मेरे पापा
अपने समय के एक जाने-माने थिएटर आर्टिस्ट रहे थे।

और उन्होंने एक संस्था बनाई थी—
“मयूर कला केन्द्र”

ये संस्था शहर में जानी-पहचानी थी।
सरकारी विभाग भी इसे जानते थे।

हमने उसी संस्था के नाम पर
लाइसेंस के लिए अप्लाई किया।

और फिर शुरू हुआ...
इंतज़ार।

लाइसेंस की फाइल
कई विभागों से गुजरती है—

रक्षा, पुलिस, इंटेलिजेंस,
लोकल थाना...

हर जगह से क्लियरेंस।

हम हर लेटर का जवाब देते रहे...
हर सवाल का।

उधर...
हमने अपने रेडियो स्टेशन का सपना भी तैयार कर लिया था।

हमारे घर के कैंपस मे
दादाजी का एक पुराना कमरा था—

बहुत बड़ा...
और बहुत पुराना।

कहा जाता था कि वो
1901 के आसपास बना था।

हमने तय किया—
यही बनेगा हमारा रेडियो स्टेशन।

यहीं दो स्टूडियो बनेंगे...
और बाहर रिसेप्शन।

सब कुछ तैयार था...
बस लाइसेंस का इंतज़ार था।

हमें लगा था—
एक साल में सब हो जाएगा।

लेकिन...
वो एक साल...
चार साल बन गया।

2011 में अप्लाई किया गया लाइसेंस
हमें 2015 में मिला।

और वो भी इसलिए रुका था...
क्योंकि फाइल एक जगह अटकी हुई थी—

नियम था—
कोई भी रेडियो स्टेशन
एयरपोर्ट से 5 किलोमीटर के दायरे में नहीं होना चाहिए।

लेकिन...

जिसे विभाग एयरपोर्ट समझ रहा था,
वो असल में एयरपोर्ट था ही नहीं।

वो एक पुलिस लाइन में बनी हवाई पट्टी थी
जहाँ सिर्फ चुनाव या
किसी नेता के आने पर
हेलीकॉप्टर उतरता था।

न कोई रडार...
न कोई एयरपोर्ट सिस्टम।

लेकिन कागज़ों में—
वो एक पूरा एयरपोर्ट था।

और उसे समझाने में...
मुझे चार साल लग गए।

आखिर में...
मैंने एक चिट्ठी
प्रधानमंत्री कार्यालय को भी लिखी।

मैंने लिखा—

"मेरा सपना है कि मैं अपने शहर में एक रेडियो स्टेशन शुरू करूँ...
लेकिन लाइसेंस में ये दिक्कतें आ रही हैं।
बताइए, मैं क्या करूँ?"

और शायद...

वो चिट्ठी कहीं ना कहीं पहुँची।

क्योंकि उसके बाद—
सिर्फ 15 दिनों के अंदर
हमें लाइसेंस मिल गया।

उस दिन...

जो खुशी थी,
उसे शब्दों में बयां करना मुश्किल है।

और फिर—

हमने शुरू किया
"रेडियो मयूर 90.8 FM"

छपरा का पहला रेडियो स्टेशन।

वो सिर्फ एक प्रोजेक्ट नहीं था...

वो एक सपना था और उस सपने को पूरा करने में हमारे सांसद

राजीव प्रताप रूडी जी ने काफी मदत की थी।

और उस दिन पहली बार लगा—

अगर इरादा साफ हो...
तो रास्ते चाहे कितने भी लंबे क्यों ना हों,

मंज़िल मिल ही जाती है।

जब पापा मुझे भूल गए।

कुछ दिन पहले मैंने फिल्म धुरंधर देखी थी।

उसका आखिरी सीन...
आज भी मेरे अंदर कहीं अटका हुआ है।

जब जसकीरत सिंह रांगी
अपने घर लौटता है—
इस उम्मीद में कि
दरवाज़ा खुलेगा,
लोग दौड़कर गले लगेंगे,
पूछेंगे—“कैसे हो?”
प्यार करेंगे...

लेकिन...

ऐसा कुछ नहीं होता।

कोई दौड़कर नहीं आता।
कोई गले नहीं लगता।
कोई पूछता तक नहीं।

सिनेमा हॉल में
जब वो सीन चल रहा था—

मैं...
बहुत रोया।

शायद इसलिए,
क्योंकि वो सिर्फ एक सीन नहीं था...

वो कहीं ना कहीं मेरी अपनी कहानी थी।

बात 2015 की है—
जब रेडियो मयूर 90.8 FM का उद्घाटन होना था।

सारी तैयारियाँ पूरी हो चुकी थीं।
पूरा शहर जैसे इस पल का इंतज़ार कर रहा था।

छपरा के लिए ये एक बड़ी बात थी—
अपने शहर का अपना रेडियो स्टेशन।

हमने बहुत मेहनत की थी।
स्टूडियो शानदार बना था।
हर चीज़ में हमारी मेहनत दिख रही थी।

शाम का समय था...
गेस्ट आ चुके थे।
स्टेज सज चुका था।

स्टेज पर मेरे पापा थे—
और "मयूर कला केंन्द्र" के बाकी सदस्य।

मैं...
पीछे बैठा हुआ था।

पापा एक-एक करके
सबका नाम ले रहे थे।
सबकी तारीफ कर रहे थे।

और मैं...
हर नाम के बाद
अपने नाम का इंतज़ार कर रहा था।

"अब लेंगे..."
"अब लेंगे..."
"शायद अब..."

लेकिन...

मेरा नाम नहीं आया।

पापा...
मेरा नाम भूल गए।

वो भूल गए—
उन 4-5 सालों को,
जब हम लाइसेंस के पीछे भागते रहे...

वो भूल गए—
पैसे जुटाने की मेहनत...

वो भूल गए—
वो रातें...
वो संघर्ष...

लेकिन सच कहूँ—

मुझे इस बात का दुख नहीं था
कि उन्होंने मेरी मेहनत का जिक्र नहीं किया।

दुख इस बात का था—

उन्होंने मेरा नाम नहीं लिया।

मैं बस ये चाहता था कि
एक बार...
बस एक बार...

वो कह दें—

"ये मेरा बेटा है..."

ताकि लोग जानें—
कि मैं भी उस कहानी का हिस्सा हूँ।

लेकिन उस दिन...

मैं पीछे ही रह गया।

और उस पल
मुझे पहली बार ऐसा लगा—

शायद...
जो एक बार घर से बाहर निकल जाता है,
वो सच में कहीं ना कहीं... छूट ही जाता है।

भीड़ में अकेलापन

"मेरा बेटा बड़े शहर में रहता है..."
"मेट्रो सिटी में जॉब करता है..."
"विदेश में सेटल है..."

ऐसी बातें सुनने में बहुत अच्छी लगती हैं।
गर्व भी होता है...
और एक तस्वीर बनती है—
सफलता की,
खुशहाली की।

लेकिन...
सच अक्सर इन बातों के पीछे छुपा रह जाता है।

जो लोग अपना घर छोड़कर
बड़े शहरों में रहते हैं—
उनमें से अगर 90% लोगों से
सच में पूछो ना...

तो उनकी कहानी
कुछ और ही निकलती है।

घर छूट जाता है।
माँ की आवाज़ छूट जाती है।

भाई-बहन, दोस्त...
वो गली, वो मोहल्ला...

सब धीरे-धीरे पीछे रह जाता है।

और जो बचता है...

वो होता है—अकेलापन।

एक ऐसा अकेलापन,
जो भीड़ के बीच भी साथ चलता है।

कभी-कभी लगता है—
हम अपने सपनों के पीछे नहीं,
बल्कि एक भीड़ के पीछे भाग रहे हैं।

वो भीड़...
जो हमें सिखाती है—

"और कमाओ..."
"और आगे बढ़ो..."
"और बड़ा बनो..."

और उसी भीड़ का हिस्सा बनने के लिए
हम अपने ऊपर
एक अदृश्य बोझ लाद लेते हैं।

जिम्मेदारियों का बोझ...
उम्मीदों का बोझ...
और एक ऐसा दबाव,
जिसका कोई नाम नहीं होता।

दिल्ली, मुंबई जैसे शहरों में रहने वाले लोग—
हाँ, वो पैसे कमाते हैं...
अच्छी जिंदगी भी जीते हैं।

लेकिन उस चमक के पीछे...

बहुत कुछ छुपा होता है।

मैंने ऐसे लोगों को देखा है—
जो हंसते हुए दिखते हैं,
लेकिन अंदर से टूटे होते हैं।

घर...
लोन पर।

गाड़ी...
लोन पर।

टीवी, फ्रिज...
यहाँ तक कि घूमने तक के लिए भी लोन।

बैंक...
जैसे धीरे-धीरे
ज़िंदगी के हर हिस्से में घुस गए हैं।

और इंसान...

EMI भरते-भरते
खुद को भूल जाता है।

हर महीने की सैलरी
आती है...
और चली जाती है।

बचता क्या है?

थकान...
तनाव...
और अगली सुबह फिर उसी दौड़ में शामिल होने की मजबूरी।

सब कुछ होते हुए भी
कुछ कमी रह जाती है।

शायद...

घर की।

क्योंकि सच्चाई ये है—

बड़े शहरों की भीड़ में
जो लोग मुस्कुराते हुए दिखते हैं ना...

उनमें से बहुत सारे लोग
अंदर ही अंदर
बहुत परेशान होते हैं।

लेकिन फिर भी...

वो मुस्कुराते हैं।
चलते रहते हैं।
और उस भीड़ का हिस्सा बने रहते हैं...

शायद इसलिए—
क्योंकि रुकना
अब उनके बस में नहीं होता।

शादी बड़ी... सपने बड़े... लेकिन मिडिल क्लास की सीमाएं।

उस दिन की मीटिंग अब भी याद है...

हॉल के बाहर हल्की-हल्की ठंड थी,
लोग छोटे-छोटे ग्रुप में खड़े थे—
कोई सिगरेट के धुएँ में खोया हुआ,
कोई फोन पर व्यस्त,
और कुछ बस इंतज़ार में।

मैं एक कोने में खड़ा था,
तभी पास में खड़े एक अंकल की आवाज़ कानों में पड़ी।

वो फोन पर थे...
और आवाज़ में एक अजीब-सी बेबसी थी—

"बेटा, जितना है...
उतने में कर लेते हैं ना...
मैं और कहाँ से लाऊँ पैसे...?"

थोड़ी देर रुककर उन्होंने फिर कहा—

"PF निकाल लूँगा...
सेविंग भी लगा दूँगा...

लेकिन 60 लाख...
इतना मुझसे नहीं हो पाएगा..."

उनकी आवाज़ धीमी पड़ती जा रही थी।
शायद उधर से कोई मान नहीं रहा था।

कुछ सेकंड की खामोशी...
और फिर—

"ठीक है बेटा...
मीटिंग के बाद बात करता हूँ..."

फोन कट गया।

उनके चेहरे पर जो था,
वो सिर्फ चिंता नहीं थी...

वो हार थी।

मीटिंग खत्म हुई,
लेकिन मेरा ध्यान वहीं अटका रहा।

मैं उनके पास गया—
धीरे से पूछा—

"अंकल, सब ठीक है ना?"

उन्होंने पहले तो मुस्कुराने की कोशिश की...
फिर जैसे खुद को रोक नहीं पाए।

"बेटी की शादी है..."
उन्होंने कहा।

“उसने wedding planner से पूरा प्लान बनवाया है—
destination wedding, pre-wedding shoot,
sangeet, mehndi, cocktail...
सब कुछ...”

“और बजट...
60 लाख से ऊपर...”

मैं चुप था।

उन्होंने आगे कहा—

“वो कहती है—
उसकी फ्रेंड्स की शादी ऐसी हुई है...
Instagram पर देखो...
सब कुछ कितना अच्छा लगता है...”

“उसे भी वैसा ही चाहिए...”

“कहती है—
अगर वैसी शादी नहीं हुई,
तो शादी ही नहीं करेगी...”

मैंने पूछा—
“आपने समझाया नहीं?”

वो हल्का-सा हँसे...
एक टूटी हुई हँसी—

“आजकल बच्चे समझते कहाँ हैं...
वो compare करते हैं...”

"उसे लगता है—
जो वो Instagram पर देखती है,
वही असली दुनिया है..."

और शायद...
यहीं से शुरू होती है
दिखावे की असली कहानी।

आज सोशल मीडिया—
खासतौर पर Instagram—
ने एक नई दुनिया बना दी है।

एक ऐसी दुनिया—
जहाँ सब कुछ perfect है।

शादियाँ perfect...
रिश्ते perfect...
जिंदगी perfect...

लेकिन सच?

उस perfect तस्वीर के पीछे
कितनी editing है,
कितनी planning है,
और कितनी fake reality—

ये कोई नहीं देखता।

आजकल "pre-wedding shoot" होता है—
ऐसी लोकेशन पर
जहाँ वो couple कभी गया भी नहीं होता।

"destination wedding" होती है—
जिसके लिए आधा पैसा loan से आता है।

कई लोग तो
सिर्फ photos के लिए
designer कपड़े किराए पर लेते हैं।

Fake jewellery,
rented cars,
borrowed lifestyle...

और ऊपर से caption—

"Living my dream life ♡"

सिर्फ शादी ही नहीं...

आज सोशल मीडिया पर
fake profiles की पूरी दुनिया है।

ऐसे लोग—
जो असल जिंदगी में संघर्ष कर रहे होते हैं,
लेकिन online एक luxury life जी रहे होते हैं।

किसी का borrowed iPhone,
किसी की rented bike,
किसी का edited travel photo...

सब कुछ मिलकर
एक illusion बनाता है—

कि सब लोग खुश हैं...
सिवाय आपके।

और यही illusion
सबसे खतरनाक है।

क्योंकि फिर शुरू होता है—
comparison।

"उसके पास ये है..."
"उसकी शादी ऐसी थी..."
"उसकी life इतनी perfect है..."

और फिर...

हम भी उसी race में कूद जाते हैं।

वो अंकल...
जो अपनी पूरी जिंदगी की कमाई जोड़ रहे थे—
उनकी बेटी गलत नहीं थी शायद...

वो बस उस दुनिया को सच मान बैठी थी,
जो असल में
सिर्फ दिखावा थी।

मैंने उस दिन सोचा—

कितने लोग होंगे
जो अपनी औकात से ज्यादा जी रहे हैं...

कितने लोग होंगे
जो EMI भरते-भरते
खुद को भूल गए हैं...

और कितने लोग होंगे
जो मुस्कुरा तो रहे हैं...
लेकिन अंदर से टूट चुके हैं।

दिखावे की इस दुनिया में
सब कुछ दिखता है—

बस सच नहीं दिखता।

और सबसे बड़ी बात—

हम धीरे-धीरे
वो बनने लगते हैं,
जो हम असल में हैं ही नहीं।

उस दिन मीटिंग से निकलते हुए
मैंने पीछे मुड़कर देखा—

वो अंकल
फिर से फोन पर थे...

इस बार उनकी आवाज़ और धीमी थी—

"ठीक है बेटा...
देखते हैं...
जैसा तुम चाहती हो..."

और उस एक वाक्य में...

मैंने एक बाप को
हारते हुए देखा।

फैसला उसका था... कीमत उसके पापा ने चुकाई

ऑफिस में बैठा था,
तभी एक दोस्त का मैसेज आया—

"यार... रानी नहीं मान रही है।"

रानी...
मेरे दोस्त की छोटी बहन।

पुणे में एक IT कंपनी में काम करती थी—
22 साल की, समझदार, अपने फैसले खुद लेने वाली।

लेकिन इस बार मामला थोड़ा अलग था।

रानी अपने पसंद के लड़के से शादी करना चाहती थी।
और उसके पापा...
उस रिश्ते के खिलाफ थे।

कारण?
जाति। समाज। अपनी पहचान।

ये वही घर था
जहाँ रानी बड़ी हुई थी।
उसे अपने पापा की सोच पता थी,

घर का माहौल पता था,
और ये भी पता था कि
उनके लिए “इज्जत” क्या मायने रखती है।

फिर भी...

रानी अड़ी रही।

मैं साफ कहता हूँ—
मैं love marriage के खिलाफ नहीं हूँ।
मैंने खुद अपनी पसंद से शादी की है।

लेकिन...

मैं उस बात के खिलाफ हूँ
जहाँ हम अपने फैसले के लिए
अपने ही लोगों को खो देते हैं।

रिश्ते सिर्फ अपने मन से नहीं चलते,
उनमें दूसरे की भावनाएँ भी होती हैं।

रानी और उसके पापा के बीच
काफी बहस हुई।

पापा ने साफ कह दिया—

“उस लड़के से शादी नहीं होगी।”

और रानी का जवाब भी उतना ही साफ था—

“शादी करूँगी... तो उसी से करूँगी।”

बात इतनी बढ़ गई कि
गुस्से में उसके पापा ने कह दिया—

“अगर ऐसा किया...
तो मैं खुद को खत्म कर लूँगा...”

ये सिर्फ गुस्से के शब्द नहीं थे।

वो अपने समाज में
एक कद्दावर इंसान थे—
लोग उन्हें जानते थे, मानते थे।

लेकिन उस दिन...
वो अपने ही घर में
हार गए।

रानी ने उनकी एक नहीं सुनी।

अपनी माँ के साथ
सामान पैक किया...
और घर छोड़ दिया।

माँ...
जो सब जानती थीं,
वो बेटी के साथ चली गईं।

और पीछे रह गए—
एक पापा...
अकेले।

कुछ दिनों बाद...

उन्होंने दवाइयाँ लेना बंद कर दिया।

और फिर...
एक दिन...

वो शांत हो गए।

मैं उनके घर गया था—
मेरठ में।

बड़ा घर था।
लोगों से भरा हुआ।

रिश्तेदार...
गाँव वाले...
नेता...
मंत्री...
सब आए थे।

लेकिन उस भीड़ में
एक खालीपन था—

एक पापा...
जो अब नहीं थे।

वहाँ मैंने रानी को देखा...
और उसकी माँ को भी।

दोनों रो रही थीं—

"पापा क्यों चले गए..."
"अब हमें कौन देखेगा..."

उस पल...

सब कुछ सच लग रहा था।

लेकिन...

समय बीता।

सिर्फ चार महीने बाद—

मेरठ के बड़े होटल से रानी की शादी हुई।

उसी लड़के से...

जिससे वो शादी करना चाहती थी।

शादी धूमधाम से हुई।
रिश्तेदार आए...
भाई-बहन नाचे...
सब खुश थे।

सब कुछ था उस शादी में...

बस एक इंसान नहीं था—
उसके पापा।

और शायद...

यहीं इस कहानी का सच छुपा है।

मोरल

ज़िंदगी में अपने फैसले लेना गलत नहीं है।
अपने मन से जीना भी गलत नहीं है।

लेकिन...

ऐसा कोई फैसला सही नहीं हो सकता
जिसकी कीमत
आपको अपने ही लोगों को खोकर चुकानी पड़े।

माँ-बाप हमेशा सही हों,
ये ज़रूरी नहीं है।

लेकिन...

उन्हें समझाने की कोशिश किए बिना,
उनकी भावनाओं को समझे बिना,
उनसे लड़कर आगे बढ़ जाना—

ये जीत नहीं होती।

क्योंकि अंत में...

अगर आप अपने ही लोगों को पीछे छोड़ देते हैं,
तो चाहे आप जो भी पा लें—

कहीं ना कहीं...
आप हार ही जाते हैं।

बिहारी और छठ पूजा

मैं बिहार का रहने वाला हूँ...
और एक बात पूरे विश्वास के साथ कह सकता हूँ—

दुनिया में कहीं भी चला जाए एक बिहारी,
छठ के समय उसे घर जाने से कोई नहीं रोक सकता।

छठ सिर्फ एक त्योहार नहीं है...
ये एक खिंचाव है।
एक ऐसी बेचैनी...
जो दिल में अचानक उठती है और कहती है—

"सब छोड़ो... घर चलो।"

2007 से 2014 तक का समय...
मेरे लिए संघर्ष का समय था।

सैलरी इतनी नहीं थी
कि मैं दिल्ली से पटना फ्लाइट से जा सकूँ।

और छठ-दीवाली के समय बिहार जाने की जो कहानी है...
वो किसी से छुपी नहीं है।

ट्रेन के टिकट?
मिलते ही नहीं थे।

फ्लाइट के दाम?
आसमान छूते थे।

बस का किराया?
5–6 हजार तक पहुँच जाता था।

और सच्चाई ये है—
उस समय मेरे पास इतना पैसा नहीं था।

दूसरी समस्या थी—छुट्टी।

हमारे ऑफिस में ज्यादातर लोग बिहार से थे,
और हर बिहारी साल में बस दो बार घर जाता है—

होली... और छठ।

तो छुट्टी सबको चाहिए होती थी।

नौकरी जाने का डर अलग,
और पैसे की कमी अलग।

मेरी मम्मी...
मेरे लिए छठ का व्रत रखती थीं।

छठ यूँ ही नहीं रखा जाता—
ये किसी अपने के लिए,
किसी मन्नत के लिए किया जाता है।

और मेरे लिए...
मेरी माँ हर साल ये व्रत रखती थीं।

लेकिन छठ जाने के लिए
कम से कम एक हफ्ते की छुट्टी चाहिए होती है।

और वो...
मिलने से रही।

मेरे बॉस भी बिहार से थे,
लेकिन उनकी फैमिली दिल्ली में ही रहती थी।

इसलिए उनके लिए छठ का मतलब वैसा नहीं था...
जैसा मेरे लिए था।

जब भी मैं उनके पास जाता—

"सर... घर जाना है, छठ के लिए छुट्टी चाहिए...

वो अपने कंप्यूटर पर काम करते रहते,
मेरी तरफ देखे बिना...
छत की ओर देखते हुए कहते—

"छुट्टी नहीं मिलेगी...
छुट्टी चाहिए तो रिज़ाइन दे दो।"

पहली बार सुना...
तो चुप रहा।

दूसरी बार...
फिर चुप रहा।

क्योंकि उस समय
नौकरी खोने का डर
मेरे हर जवाब से बड़ा था।

ऐसा कई बार हुआ।

हर बार मैं कमरे से बाहर निकल आता,
और चुपचाप अपने काम में लग जाता।

छठ आता...
और मैं नहीं जा पाता।

घर फोन करता...

"मम्मी... इस बार नहीं आ पाऊँगा,
ऑफिस में बहुत जरूरी काम है..."

और फिर धीरे से जोड़ता—

"मैं पैसे भेज देता हूँ..."

लेकिन सच ये था—
पैसे भेजने से
माँ के घाट पर मेरी कमी पूरी नहीं होती थी।

फोन रखने के बाद...
मैं चुप हो जाता था।

और अंदर कहीं...
एक वादा बनता जा रहा था—

"एक दिन... मेरा भी वक्त आएगा।"

फिर एक साल...

मैं फिर से गया छुट्टी माँगने।

वही कमरा...
वही माहौल...
वही जवाब—

"छुट्टी नहीं मिलेगी...
जाना है तो नौकरी छोड़ दो।"

इस बार...

मैं चुप नहीं रहा।

मैंने कहा—

"ठीक है सर...
मैं घर जाऊँगा।
अगर निकालना है... तो निकाल दीजिए।"

उस दिन...
मैंने फैसला ले लिया था।

मैं घर चला गया।

ट्रेन में बैठा...
खिड़की के बाहर देखते हुए
मैं बस एक ही बात सोच रहा था—

"अब बहुत हो गया..."

और उसी सफर में
मैंने अपने आप से एक वादा किया—

"जिस दिन मैं 35 साल का हो जाऊँगा...
मैं ये नौकरी छोड़ दूँगा।
और अपनी कंपनी शुरू करूँगा।"

क्योंकि...

अब नौकरी सिर्फ नौकरी नहीं रह गई थी—
वो मेरी मजबूरी बन गई थी।

और मैं...

अब मजबूरी में नहीं जीना चाहता था।

शायद वही दिन था...
जब मेरे अंदर कुछ बदल गया।

और यहीं से शुरू हुई—

मेरी अपनी कंपनी "Framezomania" की कहानी।

जब माँ की जगह मैंने छठ करना शुरू किया

हमारे घर में छठ सिर्फ एक पूजा नहीं थी...
वो हमारा मिलना था।

दीवाली से लेकर छठ तक का वो दस दिन—
ऐसा लगता था जैसे पूरा घर फिर से जी उठता है।

हमारा परिवार...
और हमारे चाचा के बेटे का परिवार—
दोनों एक साथ इकट्ठा होते थे।

आँगन में रौनक होती थी,
रसोई में खुशबू,
और हर चेहरे पर एक अलग-सी चमक।

अगर आप किसी बिहारी से पूछेंगे ना,
तो वो आपको बताएगा—
ये सिर्फ त्योहार नहीं,
एक पूरी दुनिया है।

लेकिन...

एक साल सब कुछ बदल गया।

मम्मी का एक्सीडेंट हो गया।

और वो...
व्हीलचेयर पर आ गईं।

उस साल हमने जैसे-तैसे
उनकी मदद करके छठ करवाया।

लेकिन...

उन्हें देखकर दिल अंदर से टूट रहा था।

छठ आसान नहीं होता—
36 घंटे का निर्जला व्रत
न पानी... न खाना...

और उससे भी ज्यादा—
मन का अटूट विश्वास।

मैं दिल्ली में ऑफिस में बैठा था,
लेकिन दिमाग बार-बार वहीं जा रहा था—

"इस बार मम्मी कैसे करेंगी छठ?"

घर में आमतौर पर क्या होता है?

माँ अगर छठ करती हैं,
तो आगे चलकर बहू उस परंपरा को संभालती है।

मेरी पत्नी ने भी मुझसे कहा—

"मैं कर लूंगी..."

लेकिन उस दिन...

मेरे अंदर से एक आवाज आई—

“जब वो कर सकती है...
तो मैं क्यों नहीं?”

आखिर...

मम्मी ये व्रत मेरे लिए रखती थीं।

तो क्या ये मेरी जिम्मेदारी नहीं बनती?

मैंने उसी समय फैसला लिया—

“इस बार से छठ मैं करूंगा।”

मैंने मम्मी, पापा और भाई से बात की।

हम सब ने मिलकर तय किया—

अब से...
छठ मैं करूंगा।

मेरे लिए ये सिर्फ व्रत नहीं था।

मेरे लिए ये था—

घर को जोड़े रखना

उस परंपरा को बचाए रखना

और सबसे जरूरी...
उस बहाने को जिंदा रखना,
जिसके कारण हम सब साल में एक बार साथ आते हैं।

क्योंकि मैं जानता था—

अगर छठ बंद हो गया...
तो वो मिलना भी धीरे-धीरे खत्म हो जाएगा।

वो घर आना बंद हो जाएगा...
वो हँसी, वो रौनक, वो साथ...

सब कुछ धीरे-धीरे छूट जाएगा।

इसलिए मैंने कहा—

"मम्मी... इस बार से छठ मैं करूंगा।"

और फिर...

जो शुरू हुआ,
वो सिर्फ एक पूजा नहीं थी—

वो हमारा फिर से एक होना था।

अब हर साल

मम्मी, पापा,
मैं, मेरी पत्नी सृष्टि,
भाई अभिषेक, उसकी पत्नी सुष्मिता,
भैया-भाभी...

पूरा परिवार एक ही आँगन में इकट्ठा होता है।

घाट की तैयारी...
प्रसाद की खुशबू...
और शाम होते ही...

जब शारदा सिन्हा की आवाज में छठ के गीत बजते हैं—

तो सच कहूं...

ऐसा लगता है जैसे
ज़िंदगी ने सब कुछ दे दिया हो।

मम्मी अब भी वहीं बैठी होती हैं—
थोड़ा दूर...
लेकिन चेहरे पर वही सुकून।

और मैं...

जब अर्घ्य देता हूँ,
तो अंदर से बस एक ही बात आती है—

"माँ...
आपने जो मेरे लिए रखा था,
आज मैं वही निभा रहा हूँ।"

और छठ पर हर साल हम पूरा परिवार मिलकर आसपास के मोहल्लों के लोगों को छठ का सामान देते हैं।
उस समय जो खुशी मिलती है...
उसे शब्दों में बयां करना मुश्किल है।

शायद...

यही रिश्तों की असली परंपरा है।

जहाँ जिम्मेदारियाँ बदलती हैं...
लेकिन प्यार कभी कम नहीं होता।

जल्दी पैसा... और डूबता परिवार

आजकल एक नया सपना बहुत तेजी से फैल रहा है—
"जल्दी पैसा कमाओ..."

मोबाइल उठाओ,
एक ऐप डाउनलोड करो,
और खेलो—
"लाखों जीतने का मौका।"

सुनने में आसान लगता है...
लेकिन इसके पीछे छुपी कहानियाँ
इतनी आसान नहीं होतीं।

मैं आपको एक कहानी बताता हूँ—
रोज़मर्रा की,
लेकिन बहुत गहरी।

राजू की कहानी

राजू...
मेरी पहचान का एक लड़का।

एक छोटे से गाँव में रहता था,
जहाँ मुश्किल से 500 घर होंगे।

उसके पापा की एक छोटी-सी किराने की दुकान थी।
उसी से घर चलता था।

राजू को क्रिकेट का बहुत शौक था।
IPL, वर्ल्ड कप...
हर मैच वो देखता था।

और जैसे आजकल होता है—
हर मैच के बीच-बीच में विज्ञापन आते थे—

"खेलो... और लाखों जीतो।"

शुरुआत में राजू ने भी
बस मज़े के लिए खेलना शुरू किया।

200 लगाए—500 जीते।
500 लगाए—1000 जीते।

जब पैसे आने लगे...
तो उसे लगा—

"ये तो आसान है..."

यहीं से शुरू हुआ—
लालच।

राजू के पापा ने दुकान में ऑनलाइन पेमेंट शुरू कर रखा था।
QR कोड से पैसे आते थे।

लेकिन हिसाब रखने की जिम्मेदारी
राजू के पास थी।

अब राजू ने
अपने पैसों से खेलना छोड़ा...
और धीरे-धीरे
पापा के अकाउंट से पैसे लगाने शुरू कर दिए।

कुछ समय तक वो जीतता रहा।

घर में नई-नई चीजें आने लगीं—
महिंद्रा की स्कॉर्पियो,
नई बाइक,
शॉपिंग...

घर वाले खुश थे।

क्योंकि एक सच है—

जब घर में पैसा आता है,
तो कोई नहीं पूछता—
कहाँ से आ रहा है।

राजू ने गाड़ी की EMI भी भरनी शुरू कर दी।

अब घर वालों को पूरा भरोसा हो गया—
"बेटा कुछ बड़ा कर रहा है..."

लेकिन...

एक दिन उसने बड़ा दांव लगाया।

4 लाख रुपये।

और इस बार...

वो हार गया।

सब खत्म।

पापा के अकाउंट में पैसा खत्म,
गाड़ी की EMI बाकी,
और ऊपर से कर्ज।

राजू ने एक दोस्त से
डेढ़ लाख उधार लिया—

सोचा—
"एक बार और जीत जाऊँ...
तो सब ठीक हो जाएगा।"

लेकिन...

इस बार भी वो हार गया।

अब...

न पैसे बचे,
न रास्ता।

घर में बात खुली।
हंगामा हुआ।
रिश्ते टूटने लगे।

राजू का परिवार—
जो सालों की मेहनत से खड़ा हुआ था—
एक लालच में डगमगा गया।

ऐसी सिर्फ एक कहानी नहीं है...

ऐसे हजारों "राजू" हैं।

कहानी 2 — रवि

रवि के पापा को रिटायरमेंट के बाद
करीब 10–12 लाख रुपये मिले थे।

घर की मरम्मत,
बहन की शादी—
सब उसी पैसे से होना था।

लेकिन रवि...

ऑनलाइन गेमिंग में लग गया।

शुरुआत छोटी थी—
फिर बड़ी होती गई।

एक दिन...

उसने पूरा पैसा लगा दिया।

और...

सब हार गया।

आज वो परिवार
कर्ज में डूबा है।

कहानी 3 — सौरभ (शहर की कहानी)

दिल्ली में एक लड़का—सौरभ।

अच्छी नौकरी थी।
सैलरी ठीक-ठाक।

लेकिन “साइड इनकम” के चक्कर में
वो fantasy gaming में लग गया।

क्रेडिट कार्ड से पैसे डालना शुरू किया।
फिर पर्सनल लोन लिया।

आज—

6 लाख का कर्ज

EMI का दबाव

और मानसिक तनाव

बाहर से सब ठीक दिखता है...
लेकिन अंदर से वो टूट चुका है।

असल सच क्या है?

ये “गेम” नहीं है...

ये एक सिस्टम है।

जहाँ—

शुरुआत में आपको जीतने दिया जाता है

ताकि आप भरोसा करें

फिर आप ज्यादा पैसा लगाएँ

और अंत में...
सब कुछ हार जाएँ

इसे आप कुछ भी कह लें—
फैंटेसी गेमिंग, ऑनलाइन बेटिंग, स्किल गेम...

लेकिन सच यही है—

ये एक तरह का "कानूनी जुआ" है।

और इसका फायदा कौन उठा रहा है?

वो बड़ी-बड़ी कंपनियाँ—
जो टीवी, IPL, सोशल मीडिया पर
हर जगह अपने विज्ञापन दिखा रही हैं।

और नुकसान?

राजू जैसे लाखों परिवार उठा रहे हैं।

मोरल

लालच...
धीरे-धीरे नहीं आता।

वो चुपचाप आता है,
और जब पकड़ लेता है—
तो इंसान को नहीं,
पूरे परिवार को निगल जाता है।

इसलिए...

अगर कभी आपको लगे कि
“आसान पैसे” का कोई रास्ता मिल गया है—

तो एक बार रुकिए...

और सोचिए—

“अगर ये इतना आसान होता,
तो सब अमीर क्यों नहीं हैं?”

क्योंकि सच्चाई यही है—

मेहनत से कमाया हुआ पैसा
धीरे आता है...
लेकिन टिकता है।

और...

जल्दी आया पैसा
अक्सर सब कुछ लेकर चला जाता है।

आधा तेरा आधा मेरा।

2010–2012 की बात है...

दिल्ली में मैं कटवारिया सराय में रहता था,
और मेरा बचपन का दोस्त—महताब,
लक्ष्मी नगर में रहकर CA की तैयारी कर रहा था।

महताब पढ़ाई में बहुत तेज़ था...
और हिसाब-किताब में तो इतना पक्का कि
मैं उसे मज़ाक में कहता था—

"तू एक नंबर का चिंद्दी है..."

जब भी मिलने का प्लान बनता,
वो हमेशा कहता—

"आधे रास्ते तुम आओ... आधे मैं आता हूँ।"

हम अक्सर कनॉट प्लेस या इंडिया गेट पर मिलते।
फिल्म देखते, खाना खाते...

और फिर...

बिल आता।

और महताब—
पूरी ईमानदारी से उसे दो हिस्सों में बाँट देता।

“आधा तुम दो... आधा मैं दूँगा।”

उस समय मेरी नौकरी थी...
मैं पूरा बिल दे सकता था।

लेकिन उसके उस आधे-आधे वाले हिसाब में
एक अजीब-सी सच्चाई थी...

वो दोस्त कम,
एक आदत ज्यादा था।

दिल्ली जैसे शहर में
जहाँ हर कोई अपने-अपने संघर्ष में उलझा होता है—
महताब से मिलकर लगता था,

“कोई अपना है यहाँ...”

लेकिन...

एक दिन सब बदल गया।

मैं ऑफिस में था,
तभी एक दोस्त का फोन आया—

“जल्दी आ... महताब की तबीयत बहुत खराब है,
उसे फ्लाइट से पटना ले जाया जा रहा है।”

मैं भागता हुआ पहुँचा।

वहाँ भीड़ लगी थी...
कई लोग, कुछ रिश्तेदार...

और महताब को ले जाने की तैयारी।

किसी ने कहा—
वो मानसिक तनाव में था।

किसी ने कहा—
CA का एग्जाम नहीं निकल पाया,
इसलिए टूट गया।

हम सब से कहा गया—

"उससे मत मिलो..."

और फिर...

वो चला गया।

उसके बाद कई साल निकल गए—
बिना किसी खबर के।

वो समय...
अंदर तक परेशान कर देने वाला था।

मैं समझ ही नहीं पाया—
आखिर हुआ क्या था?

समय आगे बढ़ता रहा...

इसी बीच एक दोस्त ने कहा—

"बाराबंकी के पास एक मीडिया संसथान है,
वहाँ बच्चों को पढ़ाने चलोगे?"

मैंने सोचा—
चलना चाहिए।

शायद...
मन भी बदल जाएगा,
और कुछ अच्छा करने का मौका भी मिलेगा।

मैं वहाँ पहुँचा।

एक बड़ी-सी हवेली जैसी जगह...
चारों तरफ खेत...
और गाँव की सादगी।

वहाँ के बच्चे...

बहुत अलग थे।

कुल 8 छात्र—
4 लड़के, 4 लड़कियाँ।

ऐसे परिवारों से,
जो उन्हें बड़े शहरों में भेज ही नहीं सकते थे।

उनकी दुनिया
गाँव से शुरू होती थी...
और वहीं खत्म।

दिल्ली, मुंबई—
बस नाम भर थे उनके लिए।

मैं उन्हें डॉक्यूमेंट्री फिल्ममेकिंग पढ़ाने गया था—
एक हफ्ते के लिए।

लेकिन...

मैं वहाँ 20 दिन रुक गया।

क्योंकि...

मैं उनसे जुड़ गया था।

क्लास के बाद हम साथ घूमते—
कभी नहर के पास,
कभी किसी के घर।

धीरे-धीरे मुझे समझ आया—

इन बच्चों के पास टैलेंट है...
लेकिन मौका नहीं।

और उस रात...

मैं सो नहीं पाया।

बार-बार एक ही बात दिमाग में आ रही थी—

"क्या मैं इनके लिए कुछ कर सकता हूँ?"

अगले दिन मैंने फैसला कर लिया।

"इन सबको दिल्ली लेकर जाऊँगा।"

आप यकीन नहीं करेंगे—

8 में से 7 बच्चों को
मैं अपने साथ दिल्ली ले आया।

कुछ के परिवार वाले नहीं मान रहे थे...

लेकिन मैंने सबको समझाया।

और फिर...

एक दिन वो सब दिल्ली पहुँच गए।

अब...

कहानी का असली हिस्सा शुरू हुआ।

एक कमरा—
10×10 का।

एक छोटा-सा किचन,
एक बाथरूम...

और रहने वाले—

8 लोग।

उनमें एक शादीशुदा जोड़ा भी था—
पति-पत्नी।

एक कैमरा मैन,
एक एडिटर...

दोनों बेहद हुनरमंद।

रात को जब सब सोते थे,
तो एक इंच जगह भी नहीं बचती थी।

लेकिन...

एक चीज़ थी—

खुशी।

इस बात की कि—

“आज ये सब दिल्ली तक तो पहुँच गए...”

मैंने अपने सभी दोस्तों को फोन किया—

“इन बच्चों के लिए कुछ कर दो...”

किसी की इंटर्नशिप लगी,
किसी को नौकरी मिली।

धीरे-धीरे...

सब अपने पैरों पर खड़े होने लगे।

कुछ ने अलग कमरा ले लिया,
कुछ मेरे साथ रहे...

और जब तक वो मेरे साथ थे—

हम सब...

एक परिवार की तरह रहे।

मॉल जाना,
फिल्म देखना,
घूमना...

जैसे हम खून के रिश्ते नहीं,
दिल के रिश्ते थे।

आज...

वो सब अपनी-अपनी जगह
अच्छे से सेटल हैं।

कोई अपने गाँव वापस जाकर
गाँव का प्रधान बन गया...

कोई
बड़ा फोटोग्राफर बन गया...

कोई
सोशल एक्टिविस्ट...

और मैं...

जब पीछे मुड़कर देखता हूँ—

तो समझ आता है—

मैं उन्हें कुछ देने नहीं गया था...
शायद वो मुझे बनाने आए थे।

क्योंकि...

ज़िंदगी में कुछ लोग ऐसे होते हैं—

जो आपके साथ थोड़े समय के लिए आते हैं,
लेकिन...

आपकी पूरी ज़िंदगी का हिस्सा बन जाते हैं।

और सच कहूँ—

वो सब...
मेरे हिस्से के लोग हैं।

बॉस जिसने अनजाने में सही रास्ता दिखा दिया...

पहले-पहले लगता है—
यही सब कुछ है।

एक पहचान...
हर महीने की सैलरी...
थोड़ी स्थिरता...

लेकिन धीरे-धीरे समझ आता है—

नौकरी सिर्फ काम नहीं होती...
कई बार वो एक "बंधन" होती है।

हर महीने वही चक्र—

सैलरी का इंतज़ार...
EMI का इंतज़ार...
घर पैसे भेजने का इंतज़ार...

और बीच में—

बस "हाँ" में "हाँ" मिलाते रहना।

मुझे अंदर से पता था—

मैं ये ज़िंदगी ज़्यादा दिन नहीं जी पाऊँगा।

कहीं ना कहीं आवाज़ आती थी—

"कुछ अपना करना है..."

"नौकरी नहीं...
लोगों को नौकरी देनी है।"

लेकिन हर कहानी में एक "ट्रिगर" होता है...

और मेरी कहानी में वो ट्रिगर थीं—

हमारी मैम।

पतली... लंबी...
हमेशा साड़ी में...
और एंट्री ऐसी कि—

जैसे बॉस नहीं...
इनकम टैक्स की रेड पड़ने वाली हो।

उनके आते ही...

ऑफिस का माहौल बदल जाता था।

जो हँस रहा होता था—सीधा हो जाता।
जो बैठा होता था—सीधा स्क्रीन में घुस जाता।
और जो काम नहीं कर रहा होता था—
वो सबसे तेज़ माउस चलाने लगता था...
जैसे अभी NASA का प्रोजेक्ट पूरा करना हो

उनके "फेवरेट" लोग भी थे...

और हम भी थे—

लेकिन फर्क ये था—

वो फेवरेट थे...
और हम... "टारगेट प्रैक्टिस।"

क्यों?

क्योंकि—

हम उनका बैग नहीं उठाते थे...
जूस नहीं लाते थे...
और वो काम नहीं करते थे
जो हमारे काम का हिस्सा ही नहीं था।

हम बस...

अपना काम करते थे।

और कॉर्पोरेट की दुनिया में...

ये सबसे बड़ा "अपराध" होता है।

जब वो गुस्सा होती थीं...

तो सच में लगता था—

पूरा बेसमेंट वाइब्रेशन मोड पर चला गया है।

उसी समय एक गाना बहुत चलता था—

"तू किसी रेल सी गुजरती है...
मैं किसी पुल सा थरथराता हूँ..."

हर बार जब मैम पास से गुजरती थीं...

हम एक-दूसरे को देखते थे—

"भाई... पुल बन जा... ट्रेन आ रही है..."

अब मज़ेदार बात ये थी—

ऑफिस में उनके "जासूस" भी थे।

हाँ... पूरे CIA लेवल के एजेंट

कौन कब उठा...
कौन कितनी देर बैठा...
किसने कितनी बार पानी पिया...

सब रिपोर्ट होता था।

क्योंकि—

नौकरी कॉन्ट्रैक्ट की थी...
कॉन्ट्रैक्ट बढ़वाना था...
और काम आता हो या ना आता हो...

"काम करते हुए दिखना" बहुत ज़रूरी था।

अब हम दोस्त क्या करते?

सीधे बात करना तो रिस्की था।

तो सिस्टम बना लिया—

कोई एक धीरे से इशारा करता—

“चाय?”

और फिर...

एक-एक करके हम सब
गायब हो जाते थे...

जैसे फिल्म में हीरो की टीम
मिशन पर निकलती है

ऊपर कैंटीन में मिलते...

चाय लेते...

और फिर—

दिल का सारा “भड़ास” निकालते।

हमारी टीम में एक और किरदार था—

हमने उसका नाम रखा था—

“ब्रिगेडियर सिंह।”

बाल थे नहीं ...
उम्र भी ब्रिगेडियर वाली...
और अकड़... पूरी आर्मी लेवल

लेकिन...

वो मैम के खास थे।

तो फायदा ये था—

ऑफिस की सारी “खुफिया खबर”
हमें वही देते थे।

“आज मैम का मूड खराब है...”
“आज सबको पकड़ेगी...”
“आज जल्दी निकल जाना...”

हम कहते थे—

“आए हाय साहब”

उस माहौल में भी...

हमने बहुत मौज की।

डर भी था...
टेंशन भी थी...

लेकिन...

दोस्ती भी थी...
और एक अलग ही दुनिया थी।

दो साल...

ऐसे ही निकल गए।

जैसे—

Full-time job नहीं...
Full-time survival training चल रही हो।

फिर एक दिन...

मैम ने बुलाया...

और बहुत ही क्लासिक स्टाइल में कहा—

"तुम्हें निकाल रही हूँ मैं।"

मैं चुप था।

अंदर से आवाज़ आई—

"अच्छा... finally promotion मिल रहा है "

लेकिन उसी दिन...

कुछ क्लिक हुआ।

पहली बार लगा—

अगर चुप रहना है...
तो नौकरी करो।

और अगर जवाब देना है...
तो निकलो... और कुछ अपना बनाओ।

वो मुझे निकाल नहीं पाईं...

लेकिन सच ये है—

उन्होंने मुझे बदल दिया।

वहीं से...

Framezomania
सिर्फ एक आइडिया नहीं रहा—

एक जिद बन गया।

आज...

जब पीछे मुड़कर देखता हूँ—

तो समझ आता है—

उनकी हर डांट...
हर टारगेट...
हर मीटिंग...

मुझे उसी दिशा में धकेल रही थी
जहाँ मुझे पहुँचना था।

आज...

Framezomania ने कई अच्छे प्रोजेक्ट किए हैं।

अच्छा टर्नओवर है...
15–20 लोगों की टीम है...
और कई freelancers हमारे साथ जुड़े हुए हैं।

लेकिन सच कहूँ—

हम बहुत ज्यादा काम नहीं करते...
और ना ही काम के पीछे भागते हैं।

हम साल में बस दो या तीन प्रोजेक्ट करते हैं...

बाकी समय—
घूमते हैं...

जहाँ मन हो वहाँ जाते हैं...
जो मन करे वही करते हैं...

कभी खेत में पड़े रहते हैं...
कभी गाँव में घूमते हैं...

ना कोई पूछने वाला...
ना किसी का डर...

क्योंकि ये मेरी choice थी।

और सबसे मजेदार बात?

आज...

टीम में कोई किसी से ये नहीं पूछता—
"मैम... मैं घर चला जाऊं?"

कभी-कभी...

हम दोस्त बैठते हैं...
पुरानी बातें करते हैं...

और फिर हँसते हुए कहते हैं—

"Thank you, मैम..."

कोसी का कहर — जब पहली बार सच से सामना हुआ

कुछ फैसले...
हम बहुत हल्के में लेते हैं।

और फिर...

वही फैसले
हमारी पूरी ज़िंदगी बदल देते हैं।

ऑफिस में खबर आई थी—

बिहार में बाढ़ आई है।
कोसी नदी उफान पर है।

"कोसी का कहर"...

ये शब्द मैंने पहले भी सुना था।

लेकिन...

सिर्फ सुना था।
महसूस नहीं किया था।

ऑफिस से एक टीम जा रही थी
बाढ़ को कवर करने।

जैसे ही मुझे पता चला...

मेरे दिमाग में सबसे पहले जो ख्याल आया, वो ये नहीं था कि—

"लोग परेशान हैं..."
"जाना चाहिए..."

बल्कि—

"अरे... बिहार जा रहे हैं!
यही मौका है... घर भी हो आएंगे!"

मैं उस समय...

एकदम "हीरो मोड" में रहता था।

बड़े बाल...
लंबी टी-शर्ट...
हाथ में ब्रैसलेट...
स्टाइलिश जूते...

पूरा "दिल्ली वाला तशन"।

मैंने सोचा—

"शूट के नाम पर जाऊँगा...
फिर टीम को बोल दूँगा—तुम लोग जाओ आगे...
मैं घर हो आता हूँ...
वापसी में पटना एयरपोर्ट पर मिल लूँगा..."

प्लान परफेक्ट था।

मैंने बैग पैक किया—

जींस... टी-शर्ट... जूते...
क्रीम... परफ्यूम...

जैसे कहीं ट्रिप पर जा रहा हूँ...

ना कि बाढ़ कवर करने।

हम तीन लोग निकले—

मैं... संजय... और जावेद।

संजय—डॉक्यूमेंट्री प्रोड्यूसर।
और मैं—उसका एडिटर।

संजय ने रास्ते में कहा—

“एक दिन रुक जाना...
फिर घर चले जाना...”

उसे पता था—

मैं कुछ ना कुछ अपने तरीके से करूँगा।

लेकिन...

जो आगे हुआ...

वो मेरे किसी प्लान में नहीं था।

जैसे ही हम वहाँ पहुँचे...

मैं... रुक गया।

मेरे कदम... खुद रुक गए।

सामने जो था...

वो "बाढ़" नहीं थी।

वो...

तबाही थी।

जहाँ तक नज़र जाती थी—

पानी ही पानी।

ज़मीन से
20-20 फीट ऊपर तक पानी।

घर... डूबे हुए।

पेड़... आधे गायब।

और...

जगह-जगह...

लाशें।

मवेशियों की लाशें...
कहीं नाले में...
कहीं सड़क पर...

हवा में एक अजीब-सी गंध थी—

जिसे आप शब्दों में नहीं बता सकते।

हाईवे के किनारे...

लंबी कतार थी।

लोग...

जो अपना घर छोड़कर भागे थे।

या...

जिन्हें किसी तरह बचाकर लाया गया था।

छोटे-छोटे बच्चे...

जिनके पास ना खाना था...
ना पीने का पानी...

कुछ रो भी नहीं रहे थे।

बस...

चुप थे।

लोग बीमार पड़े थे...

कोई जमीन पर लेटा हुआ...
कोई आसमान देख रहा...

और पूरा माहौल...

ऐसा लग रहा था—

जैसे कोई फिल्म चल रही हो।

लेकिन...

ये फिल्म नहीं थी।

ये...

हकीकत थी।

मैं... जावेद... और संजय—

तीनों चुप थे।

समझ नहीं आ रहा था—

क्या करें...

कैसे करें...

हमारे पास खाने के नाम पर—

उबले चने...
और एक पैकेट चिप्स।

उस दिन...

पहली बार लगा—

हम कितने छोटे हैं...

और दुनिया की समस्याएँ
कितनी बड़ी।

फिर...

हमने खुद को संभाला।

शूट की तैयारी की।

जावेद ने कैमरा उठाया...
संजय ने माइक पकड़ा...

और हम निकल पड़े—

उन कहानियों को रिकॉर्ड करने
जिन्हें कोई सुन नहीं रहा था।

एक क़िस्सा...

आज भी मेरे अंदर जिंदा है।

हम एक बस्ती में पहुँचे...

जहाँ आर्मी के लोग
लोगों को बचाकर ला रहे थे।

जिनके घर...
अब पानी में थे।

संजय एंकरिंग कर रहा था।

हमें कुछ लोगों की बाइट चाहिए थी।

तभी...

एक बुजुर्ग दिखे।

दादा जी की उम्र के।

संजय उनके पास गया...

माइक आगे बढ़ाया...

और कुछ पूछने ही वाला था कि—

अचानक...

उस बुजुर्ग ने उसका कॉलर पकड़ लिया।

जोर से।

आँखों में गुस्सा...
आवाज़ में दर्द—

उन्होंने चिल्लाकर कहा—

"मुझे दवा चाहिए...
हटाओ ये माइक... ये कैमरा!"

हम... जड़ हो गए।

डर गए।

समझ नहीं आया—

क्या करें।

उस एक पल में...

मुझे समझ आ गया—

हम यहाँ क्या करने आए थे...

और क्या कर रहे थे।

हम कहानी ढूंढ रहे थे...

और लोग...

ज़िंदगी ढूंढ रहे थे।

उस दिन...

कुछ टूट गया था मेरे अंदर।

और उसी दिन...

कुछ नया बनना शुरू हुआ।

वापस लौटते वक्त...

मैं वही इंसान नहीं था
जो वहाँ गया था।

मुझे समझ आ गया था—

Reel और Real...
दो अलग दुनिया हैं।

Reel में—

दर्द दिखाया जाता है।

Real में—

दर्द जिया जाता है।

उस दिन के बाद...

मेरी सोच बदल गई।

मेरी नज़र बदल गई।

मेरे काम का मतलब बदल गया।

आज अगर आप मेरे काम को देखेंगे—

तो पाएंगे—

मैंने हमेशा
सामाजिक मुद्दों पर काम किया।

चाहे नौकरी में था...
या independent काम कर रहा था...

क्योंकि...

कोसी के उस पानी में...

मैंने सिर्फ बाढ़ नहीं देखी थी—

मैंने देखा था—

दुनिया का वो सच...

जो कैमरे के बाहर रह जाता है।

और शायद...

उसी दिन...

मेरे अंदर ये बात बैठ गई—

"कहानियाँ सिर्फ बनानी नहीं होतीं...
उन्हें समझना भी होता है।"

वो दिन...

मेरी ज़िंदगी का turning point था।

एक ऐसा दिन—

जिसने मुझे
काम सिखाया नहीं...

मुझे इंसान बनना सिखाया।

वो लोग... जिन्होंने मुझे बनाया

कुछ लोग...

आपकी ज़िंदगी में आते नहीं—
आपकी ज़िंदगी बना जाते हैं।

और जब वो जाते हैं...

तो अपने साथ कुछ नहीं ले जाते—
बस आपको बदल कर चले जाते हैं।

अगर आज मैं जो हूँ...

तो उसमें कई लोगों का हाथ है।

कुछ नाम...
मेरे बहुत करीब हैं—

सत्यपॉल सर...

श्वेता...

रघुराज सर...

सृष्टि...
मेरा छोटा भाई अभिषेक...
मेरी मम्मी...

सत्यपॉल सर।

ये कहानी...

एक मुलाकात से शुरू हुई थी।

मैं उस समय
एक independent documentary पर काम कर रहा था।

विषय था—
ओशो।

मैं किसी ऐसे व्यक्ति को ढूंढ रहा था
जो ओशो से प्रभावित हो...
या उनके करीब रहा हो...

हमारे एक सीनियर थे भूपेन्द्र कैंथोला उन्होंने कहा—

"तुम सत्यपॉल जी से मिलो..."

मैंने ज्यादा सवाल नहीं किए।

बस टीम के साथ निकल पड़ा—

दिल्ली के
ग्रेटर कैलाश।

सत्यपॉल सर।

एक बड़ा-सा घर...

शांत...
सफेद दीवारें...
और एक अजीब-सी स्थिरता।

मैंने बेल बजाई।

दरवाज़ा खुला।

सामने एक आदमी खड़ा था—

हाथ में झाड़ू...
सफेद दाढ़ी...
चेहरे पर एक अलग-सी चमक...

मैंने कहा—

"सर से मिलना है..."

उन्होंने मेरी तरफ देखा और पूछा—

"नाम?"

मैंने कहा—

"आकाश..."

उन्होंने हल्की मुस्कान के साथ कहा—

"रवि?"

मैं थोड़ा कन्फ्यूज हुआ—

"नहीं... आकाश।"

उन्होंने दरवाज़ा खोला—

"अंदर आइए... बैठिए... मैं उन्हें बुलाता हूँ।"

हम अंदर गए।

कमरा देखकर लगा—

ये किसी कलाकार का स्पेस है।

दीवारों पर डिजाइन...
और एक कुर्सी के पीछे...

ओशो की तस्वीर।

हम इंतज़ार कर रहे थे।

तभी...

वही आदमी
एक ट्रे में पानी लेकर आया।

हमारे सामने रखा...

और बोला—

"सर आ रहे हैं..."

और फिर...

वो खुद जाकर
उस कुर्सी पर बैठ गया।

सत्यपॉल सर।

हम तीनों एक-दूसरे को देखने लगे।

वो मुस्कुराए...

और बोले—

"बताइए... क्या बात है...
मैं ही सर हूँ।"

वो थे—

सत्यपॉल।

वही सत्यपॉल...

जिनका नाम
आपने बड़े-बड़े स्टोर्स में देखा होगा...

जिनकी साड़ियाँ
दुनिया भर में जाती हैं...

लेकिन...

जिनकी अपनी तस्वीर
शायद ही कहीं मिलती है।

मैं कुछ सेकंड तक...

बस उन्हें देखता रहा।

इतना बड़ा इंसान...

और इतनी सादगी?

हमने इंटरव्यू किया...

बातें कीं...

और जाते-जाते मैंने कहा—

"सर, एक फोटो ले सकता हूँ?"

उन्होंने कहा—

"हाँ... लेकिन मेरे कैमरे से...
मैं तुम्हें भेज दूँगा।"

मैंने हाँ कहा।

लेकिन वो फोटो...

मुझे कभी नहीं मिली।

शायद...

वो उनका तरीका था—

खुद को दुनिया से दूर रखने का।

लेकिन...

उस दिन मुझे फोटो नहीं मिली...

मुझे एक गुरु मिल गया।

धीरे-धीरे...

हमारी मुलाकातें बढ़ने लगीं।

कभी उनका फोन आता—

“कहाँ हो, आकाश?”

मैं कहता—

“ऑफिस में...”

वो कहते—

“तुम्हारे लिए कुछ किताबें हैं...
घर पहुँचो तो बताना।”

मैं छतरपुर में रहता था।

उनका फार्महाउस
उसी रास्ते में पड़ता था।

वो खुद...

मेरे घर के नीचे आते...

किताब देते...

और कहते—

“पढ़ लेना...
मैं पूछूँगा।”

पहली किताब...

जो उन्होंने दी—

वो थी—

"अभी यही और यहाँ" — ओशो।

उनके साथ बैठना...

एक क्लास जैसा होता था।

कुछ समझ नहीं आता—

तो मैं पूछता।

चाहे personal हो...
या professional...

लेकिन एक बात थी—

वो मेरी हर बात काट देते थे।

मैं कहता—

"सर, मैं इस topic पर काम कर रहा हूँ..."

वो कहते—

"बेकार topic है... कुछ अच्छा करो।"

उस समय लगता था—

"कैसे आदमी हैं...
कुछ पसंद ही नहीं आता इन्हें!"

लेकिन...

आज समझ आता है—

वो मुझे गिरा नहीं रहे थे...

मुझे ऊँचा सोचने की आदत डाल रहे थे।

उनका काम करने का समय था—

सुबह 4 से 7 बजे।

वो कहते थे—

"जब दुनिया सो रही होती है...
तब दिमाग सबसे साफ होता है।"

उनके फार्महाउस में...

एक झूला था।

हम अक्सर वहीं बैठते...

और घंटों बातें करते।

एक दिन मैंने पूछा—

"सर, आप इतने बड़े इंसान हैं...
ना मीडिया में आते हैं...
ना किसी फंक्शन में जाते हैं... क्यों?"

वो मुस्कुराए...

और बोले—

"क्यों जाऊँ?"

"अपनी तारीफ सुनने?"

"मुझे ये सब पसंद नहीं है..."

थोड़ा रुककर बोले—

"मैं ढाबे से उठकर यहाँ तक पहुँचा हूँ..."

"मुझे शांति पसंद है...
और अकेलापन।"

एक दिन...

उन्होंने कहा—

"चलो... तुम्हें अपने पुराने दोस्तों से मिलवाता हूँ।"

हम गाड़ी में बैठे।

उनके पास मर्सिडीज SUV थी...
एक कोरोला भी...

लेकिन वो खुद ड्राइव करते थे।

हम पहुँचे—

मालवीय नगर।

वहीं...

जहाँ कभी उनका ढाबा हुआ करता था।

वहाँ उनके पुराने दोस्त थे—

कोई फल बेच रहा था...
कोई सब्ज़ी...

सब उन्हें देखकर बोले—

"अरे... बाबा आ गए!"

मैंने पहली बार देखा—

इतना बड़ा इंसान...

और इतने छोटे-छोटे रिश्तों को
इतनी इज़्ज़त दे रहा है।

उस दिन...

उन्होंने मुझे सिखाया—

"चमक-दमक से दूर रहो..."
"अगर सफल हो... तो उसे अपने अंदर रखो..."
"पैसे को ज़्यादा महत्व मत दो..."
"शांत रहो... हर परिस्थिति में..."
"और... किसी के साथ गलत मत करो।"

एक बार...

उन्होंने मुझे दीवाली पर बुलाया।

मैं सोच रहा था—

बड़ा घर...
बड़े लोग...
शानदार पार्टी...

लेकिन...

घर में थे—

बस तीन लोग।

सर...
उनकी पत्नी...
और उनका ड्राइवर।

खाने में—

दाल...
रोटी...
सलाद...

और मेरे लिए
थोड़ी-सी मिठाई।

मैं बैठा सोच रहा था—

"इतना बड़ा इंसान...
इतना सादा कैसे हो सकता है?"

उन्होंने कई बार कहा—

"कुछ बनाओ... फिल्म बनाओ...
मैं invest करूँगा..."

लेकिन...

मैं नहीं चाहता था।

मेरे लिए...

उनसे रिश्ता रखना ज़रूरी था।

उनका मार्गदर्शन ही...

मेरी सबसे बड़ी पूँजी थी।

फिर...

एक दिन...

उन्होंने मुझे बुलाया।

उन्होंने कहा—

“मैं तुम्हारे लिए कुछ करना चाहता हूँ...”

मैंने पूछा—

“क्या?”

उन्होंने कहा—

“मेरा एक फ्लैट है...

मैं चाहता हूँ... तुम्हे देना।”

मैं चुप हो गया।

मैं जानता था—

उस फ्लैट की कीमत क्या होगी...

और मैं ये भी जानता था—

मैं उसे कभी afford नहीं कर सकता।

लेकिन...

मैंने मना कर दिया।

मैंने कहा—

“नहीं सर...
मुझे कुछ नहीं चाहिए...”

“आप हैं...
यही काफी है।”

उन्होंने कहा—

“अपनी पत्नी से पूछ लो...”

मैंने सृष्टि से बात की।

उसने भी कहा—

“नहीं... हमें नहीं लेना।”

मैंने सर को बताया।

वो थोड़ा नाराज़ हुए।

बोले—

“पहली बार मैंने तुमसे कुछ माँगा...
और तुमने मना कर दिया...”

कुछ महीने बाद... वो शांत हो गए।

और...

सत्यपॉल सर।

मैं उनसे मिल भी नहीं पाया।

आज भी...

जब कोई सवाल होता है...

तो सबसे पहले ख्याल आता है—

“सर होते तो क्या कहते?”

उनकी कमी...

हमेशा रहेगी।

क्योंकि...

वो सिर्फ एक इंसान नहीं थे—

वो मेरे अंदर की आवाज़ थे।

कुछ लोग...

ज़िंदगी में मिलते हैं...

और चले जाते हैं।

लेकिन कुछ लोग...

आपके अंदर रह जाते हैं।

सत्यपॉल सर...

उनमें से एक थे।

वो लोग... जो मेरे हिस्से में आए

ऑफिस...

सिर्फ काम करने की जगह नहीं होता।

कभी-कभी...
वहीं कुछ लोग मिल जाते हैं—
जो आपकी जिंदगी का हिस्सा बन जाते हैं।

हमारा भी एक ग्रुप था।

कागज़ों में हम "कलीग" थे...
लेकिन असल में—

हम एक छोटी-सी दुनिया थे।

उस दुनिया में थे—
श्वेता, दीप्ति, शोभा, राजेश जी, नवीन, जितु, प्रियंबरा...

और मैं।

हर दिन की शुरुआत...

"गुड मॉर्निंग" से नहीं होती थी—
बल्कि किसी के तंज से होती थी

“आज फिर लेट आया है...”
“काम करेगा या सिर्फ चाय पिएगा?”

और फिर...

हंसी का सिलसिला शुरू हो जाता था।

श्वेता...

मेरी बेस्ट फ्रेंड।

इतनी बेस्ट कि अगर उसके बारे में ज्यादा लिख दिया...
तो शायद सच में लीगल नोटिस आ जाए

लेकिन सच कहूँ तो...

वो उन लोगों में से थी...
जो बिना बोले भी समझ जाते हैं।

कई बार...
जब मैं कुछ कहता नहीं था,

वो बस एक लाइन बोलती थी—

“एक चांटा पड़ेगा...”

और बस...

उसी में उसका केयर भी होता था,
दोस्ती भी...
और अपनापन भी।

शायद इसलिए
उसकी हर बात आज भी याद है।

आज भी...

उसकी बहुत याद आती है।

दीप्ति...

वो हमेशा एक ही बात कहती थी—

"तुम जो चाहो... वो कर सकते हो।"

उस समय...

शायद मुझे खुद पर इतना भरोसा नहीं था,
जितना उसे मुझ पर था।

और कई बार...

दूसरों का भरोसा ही
आपकी सबसे बड़ी ताकत बन जाता है।

प्रियंबरा...

प्रियंबरा बहुत अच्छा लिखती थीं —

चाहे स्क्रिप्ट हो या कविता।

मैं अक्सर उनसे कहता था—

"आपको किताब लिखनी चाहिए।"

और शायद...

उसी दिन कहीं मेरे अंदर एक शैतान जागा —

कि मैं भी एक दिन किताब लिखूँगा।

भले ही उसे छपवाने के लिए

मुझे खुद पैसे क्यों न देने पड़ें...

लेकिन लिखूँगा ज़रूर।

और यही वो किताब है जो आप पढ़ रहे है

ऑफिस में

नवीन, जितु और राजेश जी...

हमारी टीम के "एंटरटेनमेंट डिपार्टमेंट"

काम के बीच में...

चाय...
मजाक...
छोटी-छोटी बहसें...

और फिर वही लाइन—

"चलो यार... अब सच में काम करते हैं।"

वक्त...

धीरे-धीरे बदलता गया।

10–15 साल...

पता ही नहीं चला कब निकल गए।

कोई नई नौकरी में चला गया...
किसी ने अपना स्टार्टअप शुरू कर दिया...

किसी के साथ...
किसी बात पर मनमुटाव भी हुआ...

और फिर...

सब अपनी-अपनी जिंदगी में आगे बढ़ गए।

आज...

हम सब अलग-अलग जगह हैं।

अलग-अलग शहर...
अलग-अलग दुनिया...

लेकिन...

दूरी से रिश्ते खत्म नहीं होते।

बस...

उनका तरीका बदल जाता है।

अब...

न कोई रोज मिलना होता है,
न घंटों बैठकर बातें होती हैं।

लेकिन...

कभी-कभी एक “रील” आ जाती है—

“ये देख... तेरे जैसा है ”

और मैं भी भेज देता हूँ—

“भाई... तू ही है इसमें।”

बस...

वहीं से बातचीत शुरू होती है।

और फिर...

कुछ मिनटों के लिए ही सही—

वो पुराना ऑफिस...
वो हंसी...
वो दोस्ती...

सब वापस आ जाती है।

आज जब पीछे मुड़कर देखता हूँ...

तो समझ आता है—

हर किसी की जिंदगी में
कुछ लोग होते हैं...

जो हमेशा साथ नहीं रहते...

लेकिन...

हमेशा “साथ” रहते हैं।

ये लोग...

मेरे हिस्से के लोग हैं।

जिनके साथ मैंने
अपनी जिंदगी का "गोल्डन टाइम" जिया है।

और शायद...

अगर ये लोग नहीं होते—

तो मेरी कहानी...
इतनी खूबसूरत नहीं होती।

रघुराज सरः सादगी, सत्य और 3S का सबक

ज़िंदगी में कुछ लोग ऐसे मिलते हैं...

जो सिर्फ इंसान नहीं होते—
एक सोच होते हैं।

एक दिशा होते हैं।

और मेरे लिए...

रघुराज राजेंद्रन सर ऐसे ही एक व्यक्ति हैं।

रितेश...

मेरा दोस्त,
मेरे ही शहर छपरा का रहने वाला।

आईआईटी दिल्ली से पढ़ाई की,
और आज कई कंपनियों का Founder & CEO है।

Eckovation
एक ई-लर्निंग प्लेटफ़ॉर्म,
जिसने देश भर के स्कूलों में
बेहतरीन काम किया।

उसी दौरान...

मैंने उसके एक प्रोजेक्ट के लिए
एक डॉक्यूमेंट्री बनाई थी—
"Speaking Blackboard"

वो काम मेरे दिल के बहुत करीब था।

एक दिन...

रितेश ने मुझसे कहा—

"भइया, एक IAS officer हैं...
रघु सर...
आपसे मिलना चाहते हैं।"

मैंने पूछा—

"किस लिए?"

वो हँसते हुए बोला—

"Health पर किताब लिखी है...
मिलोगे तो चीनी छोड़ दोगे!"

हम दोनों हँस पड़े।

कुछ ही दिन बाद...

मैं उनके ऑफिस पहुँचा।

सर ने मुस्कुराते हुए पूछा—

"चाय पियोगे?"

मुझे पता था
किताब किस विषय पर है...

और मैंने तुरंत कह दिया—

“नहीं सर, मैं चाय नहीं पीता।”

(हालांकि... ये झूठ था)

शायद उन्हें लगा होगा—
“अच्छा लड़का है।”

लेकिन मुझे अंदर से पता था—
मैंने शुरुआत ही झूठ से की है।

फिर उन्होंने अपनी किताब के बारे में बताया...

और अपने जीवन के बारे में भी।

कैसे एक समय उनका वज़न बहुत ज़्यादा था...
और कैसे उन्होंने खुद को बदला।

उन्होंने एक बहुत सरल लेकिन गहरी बात कही—

3S

तीन चीज़ें छोड़ो—

Sugar (चीनी)

Supper (रात का भारी खाना)

Snacks (अनहेल्दी स्नैक्स)

और तीन चीज़ें अपनाओ—

Sports (खेल)

Sangeet (संगीत)

Sleep (नींद)

उन्होंने कहा—

"अगर ये 3S जीवन में संतुलित हो जाएँ...
तो आधी बीमारियाँ खुद ही खत्म हो जाएँगी।"

वीडियो के सिलसिले में...

हमारी मुलाकातें बढ़ने लगीं।

और हर मुलाकात के साथ...

हर मुलाकात के साथ मैं उनसे प्रभावित होता गया।

लेकिन एक चीज़ हर बार मुझे महसूस होती थी—

उनके सामने झूठ बोलना...
अपने आप से झूठ बोलने जैसा लगता था।

धीरे-धीरे...

मैंने अपने अंदर बदलाव लाना शुरू किया।

मीठा कम किया...
चॉकलेट बंद की...
चाय में चीनी कम की...

और जो बातें पहले “छोटी” लगती थीं...
वो अब “जरूरी” लगने लगीं।

मैं 3S initiative का हिस्सा बना...

और फिर हमने मिलकर बहुत काम किया—

ऑनलाइन सेशन्स,
कम्पटीशन,
गाँवों में चौपाल...

लोगों को जोड़ना,
उन्हें जागरूक करना...

ये सिर्फ एक initiative नहीं था—
एक आंदोलन जैसा था।

सर के साथ मेरा रिश्ता...

कभी “औपचारिक” नहीं रहा।

वो भरोसे का रिश्ता था।

ऐसा रिश्ता,
जहाँ झूठ या दिखावे की कोई जगह नहीं थी।

रघुराज सर...

देश के जाने-माने IAS अधिकारी हैं।

भ्रष्टाचार के खिलाफ आवाज़ उठाना,
गलत के सामने खड़े होना,
सादा जीवन जीना...

ये सब उनके व्यक्तित्व का हिस्सा है।

उन्होंने मुझे सिखाया—

“हाँ” कब कहना है

“ना” कब कहना है

और सबसे ज़रूरी—
ईमानदार रहो

और वो कहते थे की मेरा नाम कभी कभी

तुमको नुकसानदेह हो सकता है

और हुआ भी

एक बार...

एक प्रेजेंटेशन में
हमारा प्रोजेक्ट लगभग फाइनल हो चुका था।

सब कुछ अच्छा चल रहा था...

तभी एक अधिकारी ने मुझसे पूछा—

“और क्या करते हो?”

मैंने 3S के बारे में बताया।

उन्होंने तुरंत कहा—

“रघुराज वाला?”

मैंने कहा— “हाँ।”

उसके बाद...

वो प्रोजेक्ट हमें कभी नहीं मिला।

लेकिन...

मुझे उससे कोई फर्क नहीं पड़ा।

क्योंकि...

मैं रिश्ते “फायदे-नुकसान” देखकर नहीं बनाता।

मेरी ज़रूरतें कम हैं...

और जितने में हूँ—
खुश हूँ।

उन्होंने मुझे कई बार गाइड किया है...

अगर मेरी सोच,
मेरी समझ,
मेरे फैसले...

थोड़े बेहतर हैं—

तो उसमें रघुराज सर का भी
बहुत बड़ा योगदान है।

और शायद...

हमारी ज़िंदगी में ऐसे लोग
बहुत कम आते हैं...

जो बिना कुछ लिए...

हमें इतना कुछ दे जाते हैं।

सृष्टि: साथ... जो दिखता नहीं, लेकिन सबसे मजबूत होता है

ज़िंदगी में...

कुछ फैसले आप लेते हैं।
और कुछ फैसले...

धीरे-धीरे
आपकी जिंदगी बन जाते हैं।

शादी...

मेरे लिए ऐसा ही एक फैसला था।

मेरी दोनों बड़ी बहनों की शादी हो चुकी थी।

घर में अब अगला नंबर मेरा था।

और सच कहूँ तो—

मेरी उम्र भी
उस "डेडलाइन" के आसपास पहुँच चुकी थी
जिसके बाद हर रिश्तेदार पूछना शुरू कर देता है—

"अब तुम्हारी बारी कब है?"

घर पर रिश्ते आने लगे थे।

पापा हर कुछ दिन में
किसी लड़की की फोटो भेजते—

और हर बार एक ही उत्साह के साथ कहते—

"देखो... ये लड़की बहुत अच्छी है...
मुझे तो लग रहा है यही ठीक है तुम्हारे लिए।"

और मैं...

हर बार वही सोचता—

"पापा को हर लड़की perfect क्यों लगती है?"

फिर वो classic dialogues...

जो हर middle-class घर में
एक न एक दिन सुनने को मिल ही जाते हैं—

"हम लोग कब तक हैं, ये भरोसा नहीं है..."
"हमारे रहते शादी कर लो..."

ये बातें सुनकर...

कभी हँसी आती थी...
कभी सोच में पड़ जाता था।

लेकिन मेरे मन में एक बात साफ थी—

मुझे शादी अपनी पसंद से करनी है।

और एक practical वजह भी थी—

मैं जानता था...

मेरा काम, मेरी जिंदगी
मुझे हमेशा बाहर रखेगी।

तो...

मुझे ऐसी साथी चाहिए थी
जो इस सफर को समझ सके।

उसी दौरान...

एक प्रोजेक्ट के दौरान
मेरी मुलाकात हुई—पूनम से।

और पूनम के साथ
अक्सर एक और लड़की होती थी—

सृष्टि।

पहली नजर में...

वो अलग लगी।

ना ज्यादा बोलना...
ना दिखावा...

बस...

एक शांत सा स्वभाव।

धीरे-धीरे...

मुलाकातें बढ़ने लगीं।

दिल्ली हाट...

हमारी पसंदीदा जगह बन गई।

दिल्ली हाट...

मेरे लिए सिर्फ एक जगह नहीं थी।

वो मेरी आदत थी।

ऑफिस के रास्ते में पड़ता था...

तो हफ्ते में 4–5 दिन
वहाँ बैठना तय था।

और अब...

वहीं बैठकर
हम बातें करने लगे।

वो बोलती कम थी...

लेकिन सुनती बहुत थी।

और कई बार...

जो लोग कम बोलते हैं
वो ज़्यादा समझते हैं।

एक दिन...

बिना ज्यादा सोचें
मैंने उससे पूछ लिया—

"शादी करोगी?"

वो मुस्कुराई...

और बहुत सादगी से बोली—

"हाँ... कर सकते हैं।
वैसे भी पापा लड़का ढूंढ रहे हैं।"

बस...

यहीं से कहानी ने
एक नया मोड़ लिया।

मैंने अपना फोटो
और बायोडेटा भेज दिया।

और फिर शुरू हुई—

जांच-पड़ताल।

मेरा नाम—

आकाश अरुण।

कोई सरनेम नहीं।

हमारे यहाँ...

हम सब भाई-बहन
पापा का नाम ही अपने नाम के साथ लगाते थे।

लेकिन...

सृष्टि के घर वालों को
ये बात समझ नहीं आई।

उन्हें लगा—

“ये लोग श्रीवास्तव हैं ही नहीं।”

अब...

मामला थोड़ा serious हो गया।

नेटवर्क लगाया गया...

पूछताछ हुई...

और किसी ने
गलत जानकारी दे दी—

कि “ये लोग श्रीवास्तव नहीं हैं।”

मैंने ये बात
पापा को बताई।

पापा का reaction...

exact वैसा ही था
जैसा एक पिता का होना चाहिए—

“किसने कहा है?
किसके बाप की हिम्मत है?”

फिर entry हुई—

मेरे बड़े पापा की।

हम उन्हें बाबू जी कहते हैं।

वो कोटा में रहते थे।

उन्होंने कहा—

"लड़की वालों को कोटा भेजो...
मैं बात करता हूँ।"

सृष्टि के पापा, मम्मी, मामा—

सब कोटा गए।

बैठक हुई...

बातें हुईं...

गलतफहमियाँ दूर हुईं...

और आखिर में—

सब साफ हो गया।

शादी तय हो गई।

अब बारी थी—

पहली मुलाकात की।

मैं उस समय
छत्तरपुर में रहता था।

4 कमरे का फ्लैट...

और उसमें मैं अकेला।

सृष्टि की फैमिली
मुझसे मिलने आने वाली थी।

मैंने पूरी तैयारी कर ली।

मेरा दोस्त—प्रशांत।

ऑफिस का ही दोस्त...

लेकिन उसका एक hidden talent था—

खाना बनाना।

उस दिन उसने पूरा खाना तैयार किया।

हमने एक कमरे को
डाइनिंग एरिया बना दिया...

बुफे लगाया...

बाकी कमरे
बैठने के लिए।

सब आए...

बैठे...

बातें शुरू हुईं।

फिर सृष्टि के पापा ने
मुझसे पूछा—

"आप खाते-पीते हैं?"

मैं समझ गया
वो क्या पूछना चाहते हैं।

मैंने सीधा कहा—

"हाँ... मैं नॉनवेज खाता हूँ।
लेकिन पीता नहीं हूँ।"

और साथ में जोड़ा—

"मेरा पूरा परिवार नॉनवेज खाता है...
लेकिन सृष्टि को कभी force नहीं करूँगा।"

कमरे में...

हल्की हँसी फैल गई।

फिर बातें हुईं—

बिहार की...

दहेज की...

और उन सारी अफवाहों की
जो लोग सुनते रहते हैं।

मैंने एक बात साफ कर दी—

"मुझे कुछ नहीं चाहिए।"

"आप बस शादी की तैयारी कीजिए।"

बाद में...

उनकी फैमिली
मेरे घर गई...

मम्मी-पापा से मिली...

और फिर...

दोनों परिवारों ने मिलकर
शादी की तैयारी शुरू कर दी।

मैंने पापा से भी कहा—

"जो नहीं है... वो मत लीजिए।"

"जो है... वही काफी है।"

और फिर...

हम दोनों दिल्ली में
शॉपिंग और तैयारी में लग गए।

लेकिन...

इस कहानी का असली हिस्सा
शादी के बाद शुरू होता है।

शादी के दो साल बाद...

मैंने नौकरी छोड़ने का फैसला लिया।

वो आसान नहीं था।

घुटन इतनी बढ़ गई थी कि
मैं खुद को खोता जा रहा था।

मैंने सृष्टि से कहा—

“मुझे नौकरी छोड़नी है।”

उसने बिना एक सेकंड सोचे कहा—

“छोड़ दो।”

“मेरी नौकरी है ना...
घर चल जाएगा।”

उसका ऑफिस...

हमारे घर से 2 घंटे दूर था।

आने-जाने में 4 घंटे।

सैलरी का आधा हिस्सा
किराए में चला जाता था।

समय आसान नहीं था...

लेकिन मुश्किल भी नहीं लगा।

क्योंकि—

साथ था।

मैं ये नहीं कहूँगा
कि बहुत तकलीफ हुई...

या खाने के लिए कुछ नहीं था।

लेकिन...

जो सबसे बड़ा सहारा था—

वो था
सृष्टि का भरोसा।

वो MBA थी...

मैं creative field से।

हम दोनों के काम अलग...

सोच अलग...

स्वभाव अलग।

उसे लोगों के बीच रहना पसंद है...
मुझे akele rahna।

उसे बात करना पसंद है...
मुझे चुप रहना।

लेकिन...

शायद रिश्ते
समानताओं से नहीं...

समझ से चलते हैं।

आज...

अगर कोई मुझसे पूछे—

“तुम्हारी सबसे बड़ी ताकत क्या है?”

तो मैं बिना सोचे कहूँगा—

“सृष्टि।”

क्योंकि...

हर सफल इंसान के पीछे
किसी ना किसी का हाथ होता है।

और मेरे पीछे...

जो हाथ हमेशा खड़ा रहा—

वो सृष्टि का है।

शायद...

प्यार हमेशा दिखता नहीं है।

वो शोर नहीं करता...

वो बस...

चुपचाप
आपके साथ चलता रहता है।

और जब आप पीछे मुड़कर देखते हैं—

तो समझ आता है—

आप अकेले कभी थे ही नहीं।

लॉकडाउन: जब दिल्ली में रुकना मुश्किल था।

कोविड का समय...

दुनिया जैसे रुक गई थी।

सड़कें खाली...
स्टेशन बंद...
हवाई जहाज़ जमीन पर खड़े...

और इंसान...
अपने-अपने घरों में कैद।

मैं...

मध्य प्रदेश के एक छोटे से कस्बे—
मक्सूदनगढ़ में था।

15 दिन से ज्यादा हो चुके थे।

शुरुआत में लगा—
थोड़ा ब्रेक है...

लेकिन धीरे-धीरे...

खबरें डर में बदलने लगीं।

टीवी खोलो—
तो मौत के आंकड़े।

फोन उठाओ—
तो किसी के बीमार होने की खबर।

और सबसे खतरनाक चीज़—

"कुछ न कर पाने की बेचैनी।"

मैं रोज़ सोचता—

"मैं क्या कर रहा हूँ?"

"मैं क्यों बैठा हूँ?"

"क्या मैं सिर्फ खबरें सुनने के लिए बना हूँ?"

कभी सोचता—

गाँव में दवाइयाँ बाँट दूँ...

कभी लगता—

मास्क बनाकर बाँटते हैं...

फिर लगता—

नहीं... मैं फिल्ममेकर हूँ...

मैं कहानी सुना सकता हूँ।

लेकिन...

कौन सी कहानी?

कैसे?

किसके लिए?

इसी उधेड़बुन में...

एक दिन फोन आया।

रघुराज सर का।

उनकी आवाज़ हमेशा की तरह शांत थी—

"कैसे हो, आकाश? सुरक्षित हो?"

मैंने कहा—

"हाँ सर... सुरक्षित तो हूँ...
लेकिन... बैठा हूँ..."

उन्होंने पूछा—

"मतलब?"

मैंने पहली बार खुलकर कहा—

"सर... कुछ करना है...
लोगों के लिए...
बैठ-बैठ कर घुटन हो रही है..."

कुछ सेकंड की खामोशी...

फिर उन्होंने बहुत सादा सा जवाब दिया—

"तो करो।"

मैं चुप रहा।

उन्होंने आगे कहा—

"गुना के कलेक्टर से बात करो।
उन्हें बताओ...
तुम क्या कर सकते हो।"

अगले ही पल...

मैंने फोन उठाया।

कॉल किया—

एस. विश्वनाथन सर को।

मैंने कहा—

"सर... मैं यहाँ फँसा हूँ...
लेकिन खाली नहीं बैठना चाहता...
अगर मेरे लिए कोई काम हो..."

उन्होंने बिना समय लिए कहा—

"तुम्हारे field का तो यहाँ कुछ नहीं है...
लेकिन..."

थोड़ा रुके...

"लोगों को जागरूक करना है...
अगर तुम कुछ ऐसा कर सको—
तो वो सबसे बड़ी मदद होगी।"

बस...

यहीं से रास्ता दिख गया।

उस रात...

मैं सोया नहीं।

पूरा दिमाग एक ही चीज़ में लगा था—

"क्या बनाऊँ?"

"कैसे बनाऊँ?"

"क्या कहूँ कि लोग सुनें?"

मैंने तय किया—

एक awareness फिल्म बनाऊँगा।

जिसमें—

डर भी होगा...
सच्चाई भी...
और उम्मीद भी।

अगले दिन...

विश्वनाथन सर का फिर कॉल आया—

"कहाँ हो? मिलना है।"

मैंने कहा—

"सर, मैं आ जाता हूँ..."

लेकिन उन्होंने कहा—

"नहीं... तुम बताओ...
मैं आ रहा हूँ।"

मैं पास के एक थाने पहुँचा...

जहाँ उनका विज़िट था।

दूर से देखा—

एक कुर्सी पर कलेक्टर साहब...
और दूसरी पर एसपी—

तरुण नायक सर।

मैं धीरे-धीरे आगे बढ़ा।

दोनों ने मुस्कुराते हुए पूछा—

"एक बिहारी...
यहाँ कैसे फँस गया?"

"बिहार से दिल्ली...
और अब मक्सूदनगढ़?"

मैं हँस पड़ा—

"सर... कहानी लंबी है...
कभी बैठकर सुनाऊँगा...
अभी बस इतना कि—
कुछ करना है..."

उन्होंने एक-दूसरे की तरफ देखा...

और वहीं बैठे-बैठे आदेश दिया—

"मक्सूदनगढ़ के तहसीलदार—
सत्येंद्र सिंह गुर्जर..."

"आकाश को जो भी सपोर्ट चाहिए—
पूरा दिया जाए।"

उस एक लाइन ने...

सब कुछ बदल दिया।

अब मैं अकेला नहीं था।

अब ये "मेरा" काम नहीं था...

ये एक जिम्मेदारी थी।

हमने मिलकर...

एक awareness फिल्म बनाई।

गाँव के लोग...
प्रशासन...
लोकल टीम...

सब जुड़ते चले गए।

कैमरा चला...

और पहली बार लगा—

मैं सही जगह हूँ।

फिल्म बनी...

और फिर...

गुना प्रशासन ने उसे हर जगह फैलाया।

सोशल मीडिया...
लोकल नेटवर्क...
गाँव-गाँव...

लोग देखने लगे...

समझने लगे...

सुनने लगे।

उस दिन...

मुझे पहली बार सुकून मिला।

कि...

मैं सिर्फ "देख" नहीं रहा था...

मैं "कर" भी रहा था।

उसी दौरान...

एक कविता भी लिखी मैंने।

शायद...

उस वक्त की सबसे सच्ची भावना थी वो—

"वो मज़दूर नहीं... मजबूर है"

क्योंकि...

जब मैंने सड़कों पर चलते लोगों को देखा...

तो समझ आया—

ये कहानी सिर्फ वायरस की नहीं है...

ये कहानी है—

मजबूरी की।

आज जब उस समय को याद करता हूँ...

तो लगता है—

लॉकडाउन ने हमें रोका नहीं था...

उसने हमें आईना दिखाया था।

कि—

आप कौन हैं?

और...

मुश्किल समय में
आप क्या करते हैं?

मेरे लिए...

वो समय एक turning point था।

क्योंकि...

उसने मुझे सिखाया—

"अगर अंदर बेचैनी है...
तो उसका मतलब है—
आपके अंदर अभी कुछ बाकी है।"

और...

उसे बाहर लाना ही पड़ेगा।

लॉकडाउन, गाँव और "गुप्त चिकन मिशन"

कोविड का समय...

दूसरा लॉकडाउन।

डर...
खामोशी...
अनिश्चितता...

और हर दिन...
एक नई खबर,
जो दिल की धड़कन थोड़ा और तेज़ कर देती थी।

उस समय...

मैं मध्यप्रदेश के गुना ज़िले की
मकसूदनगढ़ तहसील में था।

वहीं मेरा ससुराल है।

दिल्ली की हालत बिगड़ती जा रही थी...

तो मैंने और मेरी पत्नी ने सोचा—

"शहर से बेहतर है गाँव।"

कम लोग...
खुला माहौल...
और सबसे बड़ी बात—

खेत।

4–5 खेत थे,
जहाँ हम अलग-थलग रह सकते थे।

हमें लगा—
यहीं सुरक्षित रहेंगे।

हम दिल्ली से ट्रेन पकड़कर
मकसूदनगढ़ पहुँचे।

लेकिन...

गाँव में एंट्री करते ही
जो माहौल था...

ऐसा लगा जैसे—

हम मेहमान नहीं,
"संदिग्ध" बनकर आए हैं

आस-पास के लोग
धीरे-धीरे झांकते...

फुसफुसाते—

"कौन आया है?"
"दिल्ली से आए हैं..."
"टेस्ट हुआ है इनका?"

और सच कहूँ—

उनका डर जायज़ भी था।

हमने भी तुरंत मेडिकल टेस्ट कराया...

और राहत की बात—

सब ठीक था।

लेकिन...

लॉकडाउन बढ़ता गया।

ट्रेन बंद...
फ्लाइट बंद...
सड़कें खाली...

हर तरफ सिर्फ बैरिकेडिंग और खबरें—

डरावनी खबरें।

कुछ दिन बाद...

गाँव की शांति भी
बेचैनी में बदलने लगी।

खेत में बैठे-बैठे...

मन सवाल पूछता—

"कब तक?"

"आगे क्या होगा?"

और इसी बीच...

एक और "राष्ट्रीय समस्या" खड़ी हो गई

मैं... पूरा का पूरा नॉन-वेज आदमी।

ऐसा कि—

अगर हफ्ते में 3–4 दिन
चिकन न मिले...

तो लगता था—

"ऑक्सीजन लेवल गिर रहा है!"

और उधर...

मेरी पत्नी—
पूरी वेजिटेरियन।

और उनका परिवार?

पूछो ही मत।

पूरा गाँव...

सख्त शाकाहारी।

मतलब—

जिसे हम "चिकन" कहते हैं,
वो उनके लिए लगभग "अपराध" था।

अब हाल ये था—

मैं खेत में बैठा...

और प्लेट में रोज वही—

दाल... रोटी... चावल।

पहले दिन अच्छा लगा...
दूसरे दिन ठीक लगा...

तीसरे दिन...

आत्मा ने विद्रोह कर दिया

एक दिन...

मैंने हिम्मत करके
खेत के एक मजदूर से पूछा—

"भाई... तुम लोग चिकन खाते हो?"

वो तुरंत बोला—

"राम-राम साहब! हम नहीं खाते।"

मैंने दूसरे से पूछा—

"तुम?"

"ना साहब... पाप लगता है।"

तीसरे से...

चौथे से...

सबका एक ही जवाब—

"हम नहीं खाते।"

अब समस्या ये थी—

खाऊँ कैसे?

लाऊँ कौन?
बनाए कौन?
और सबसे बड़ी बात—

"अकेले खाऊँ?"

इतना बड़ा रिस्क...
और अकेले मजा भी नहीं आएगा

फिर...

मेरे दिमाग में एक "मास्टर प्लान" आया।

एक दिन...

मैंने चुपचाप "व्यवस्था" कर ली।

किसी ने आटा गूंथा...
किसी ने सब्ज़ी बनाई...

और मैंने...

अपने मिशन का सबसे महत्वपूर्ण हिस्सा संभाला—

चिकन।

खेत के एक कोने में...

चुपचाप चूल्हा जला।

धीरे-धीरे मसालों की खुशबू फैली...

और मुझे लगा—

"आज जिंदगी वापस आ गई है।"

सब तैयार हो गया।

मैंने सबको कहा—

"आप लोग थोड़ा दूर बैठकर खा लो...
और हाँ...

खाने के बाद...
सबूत मिटा देना।"

मैं बैठा खाने...

और फिर आखिरी बार पूछा—

"कोई खाएगा?"

"अभी भी मौका है...
किसी को पता नहीं चलेगा..."

पहले...

खामोशी।

फिर...

एक ने कहा—

"थोड़ा सा..."

दूसरे ने—

"अगर आप कह रहे हैं तो..."

तीसरे ने...

सीधे प्लेट उठा ली

और फिर...

जो दृश्य था...

वो मैं कभी नहीं भूल सकता।

जो लोग कह रहे थे—

"राम-राम... हम नहीं खाते..."

वो सब्ज़ी छोड़कर...

सीधे चिकन पर टूट पड़े

कुछ ही मिनटों में...

पूरा चिकन साफ।

और उसके बाद...

सबूत मिटाने का ऑपरेशन।

हड्डियाँ गायब...
बर्तन साफ...
चूल्हा ठंडा...

जैसे कुछ हुआ ही नहीं

हम सब एक-दूसरे को देख रहे थे...

और फिर...

जोर की हँसी फूट पड़ी।

उस दिन के बाद...

ये "गुप्त मिशन"
कई बार चला।

हर बार...

वही प्लान—
वही डर—
और वही मजा।

कोविड का वो समय...

डर से भरा था।

लेकिन...

उसी डर के बीच
कुछ पल ऐसे भी थे...

जो आज याद आते हैं
तो मुस्कान ले आते हैं।

और उस दिन मैंने सीखा—

कभी-कभी...

सबसे सख्त नियमों के बीच भी
थोड़ी सी “मस्ती”...

जिंदगी को आसान बना देती है।

आपदा में अवसर (एक "वायरल" कहानी)

कोविड का समय...

जहाँ एक तरफ डर था,
वहीं दूसरी तरफ...

कहानियाँ भी बन रही थीं।

कुछ दर्द की...
कुछ हिम्मत की...

और कुछ—

"जुगाड़" की।

उसी समय...

गुना जिले से एक फोटो वायरल हुई।

एक आदमी...

बाथरूम में बैठा हुआ...

थाली में खाना खा रहा था।

और कैप्शन—

"प्रशासन ने मजदूर को बाथरूम में क्वारंटीन कर दिया।"

बस...

फिर क्या था।

सोशल मीडिया फट पड़ा।

न्यूज़ चैनल्स पर बहस...
ट्विटर पर टैग...
और लोग सीधे मुख्यमंत्री तक पहुँच गए।

"ये कैसा सिस्टम है?"
"गरीब के साथ ऐसा व्यवहार?"

मामला गरम हो गया।

फिर आया...

"एक्शन"।

मुख्यमंत्री तक बात पहुँची...

और तुरंत आदेश हुआ—

उस मजदूर को मिलेगा:

ज़मीन का पट्टा

100 दिन का रोजगार

प्रधानमंत्री आवास

राशन और पूरी सहायता

और सबसे खास—

“तुरंत प्रभाव से।”

मैं ये खबर सुनकर...

थोड़ा चौंका...
थोड़ा मुस्कुराया...

और अंदर से एक आवाज़ आई—

“कुछ तो गड़बड़ है, दया...”

मक्सूदनगढ़ के तहसीलदार—
सत्येन्द्र सिंह गुर्जर से मेरी अच्छी दोस्ती हो गई थी।

मैंने उनसे कहा—

“सर... एक बार उस मजदूर से मिलना है...”

उन्होंने मुस्कुराकर कहा—

“चलो... तुम्हें असली कहानी दिखाते हैं।”

और फिर...

शुरू हुई असली फिल्म।

वो मजदूर...

असल में पास के ही गाँव का रहने वाला था।

लेकिन...

पिछले 2–3 साल से
राजस्थान में काम कर रहा था।

कोविड आया...

काम बंद...

पैसा बंद...

तो वो भी...

हजारों मजदूरों की तरह
घर की तरफ निकल पड़ा।

गाँव पहुँचा...

लेकिन घर?

एक छोटा सा कमरा...

जिसमें पहले से
भाई का परिवार रह रहा था।

ऊपर से कोविड का डर—

"दूरी बनाकर रखो..."

तो भाभी ने साफ कहा—

"अभी घर में मत आओ...
पास में स्कूल है...
वहीं रुक जाओ।"

अब सीन बदलता है...

गाँव का माहौल...

दिनभर मजदूरी...
और शाम को...

महुए की देसी शराब 🍶

भाई साहब ने भी...

थोड़ी "हिम्मत" ले ली।

और स्कूल में पड़े रहे।

उधर...

प्रशासन की टीम
गाँव-गाँव घूम रही थी—

"कौन बाहर से आया है?"

"किसका टेस्ट होना है?"

टीम स्कूल पहुँची...

और तभी—

हमारे हीरो को लगा—

"पुलिस पकड़ने आई है!"

अब जो सीन हुआ...

वो किसी फिल्म से कम नहीं था।

भाई साहब...

थाली उठाए...

सीधे बाथरूम में घुस गए।

और अंदर बैठ गए—

खाना खाते हुए।

टीम अंदर आई...

दरवाजा खोला...

और जो देखा—

वो "वायरल कंटेंट" था।

एक आदमी...

बाथरूम में...

थाली लेकर बैठा हुआ।

जैसे किसी ने
उसे बंद कर रखा हो।

किसी ने फोटो खींच ली...

और बस—

देश भर में "संवेदना" दौड़ गई।

कट टू—

मुख्यमंत्री ऑफिस।

कट टू—

आदेश।

कट टू—

“आपदा में अवसर।”

अब जब मैं वहाँ पहुँचा...

तो सीन बिल्कुल अलग था।

घर के बाहर...

माला लेकर पूरा परिवार बैठा।

अंदर—

राशन के बोरे।

लोग आते जा रहे—

कोई चावल दे रहा है...
कोई पैसे...
कोई सहानुभूति।

सरकारी कर्मचारी—

ड्यूटी पर।

तहसीलदार तक...

खाट डालकर वहीं बैठे—

"साहब को कोई दिक्कत न हो।"

मैं और सत्येन्द्र सर...

एक-दूसरे को देख रहे थे।

और अंदर से हँसी रोक रहे थे।

फिर...

मैं उस "वायरल हीरो" से मिला।

वो पूरी शांति से बैठा था।

जैसे कुछ हुआ ही न हो।

मैंने पूछा—

"कैसे हुआ ये सब?"

वो थोड़ा मुस्कुराया...

कुछ बोला नहीं...

लेकिन उसकी आँखें सब बता रही थीं—

"समय सही था... चाल सही थी।"

जब मैं लौटने लगा...

तो उसने पीछे से आवाज़ लगाई—

"भैया..."

मैं रुका...

उसने कहा—

"खाने का तेल...
और कोलगेट भेजवा देना..."

मैंने उसकी तरफ देखा...

और अंदर ही अंदर हँस पड़ा।

उस दिन...

मैंने एक नई चीज़ सीखी—

दुनिया में दो तरह के लोग होते हैं—

एक वो...
जो सिस्टम को समझ नहीं पाते...

और दूसरे—

जो सिस्टम को "खेल" लेते हैं।

ये कहानी...

मजाक लग सकती है...

लेकिन सच्चाई ये है—

मुश्किल समय में भी...

इंसान "मौका" ढूंढ ही लेता है।

और शायद...

इसीलिए कहते हैं—

“आपदा में अवसर...”

कुछ लोग पढ़ते हैं...

और कुछ लोग...

जी लेते हैं।

जो छूट जाता है — शहर के बाद की सच्चाई

बड़े शहरों की...

एक अजीब-सी सच्चाई होती है।

यहाँ सब कुछ
चमकता हुआ दिखता है—

रोशनी...
सड़कें...
ऑफिस...
कैफे...

और सबसे ज्यादा—

लोगों की मुस्कानें।

लेकिन...

अगर थोड़ा ठहरकर...
थोड़ा ध्यान से देखो—

तो समझ आता है—

ये मुस्कानें
हमेशा सच्ची नहीं होतीं।

अक्सर...

गाँव या छोटे शहरों में
लोगों को लगता है—

"मेरा बेटा दिल्ली में है..."
"मेट्रो सिटी में जॉब करता है..."
"विदेश में सेटल है..."

तो उसकी जिंदगी
तो सेट होगी ही।

अच्छा खाना...
अच्छा घर...
अच्छी लाइफ...

लेकिन सच?

सच थोड़ा अलग होता है।

मैं 2002 से
घर से बाहर हूँ।

और सच कहूँ—

हर साल
कम से कम एक बार
ये ख्याल जरूर आता है—

"अब घर वापस जाना है..."

लेकिन हर बार...

कुछ ना कुछ
मुझे रोक लेता है।

क्योंकि...

जो लोग घर से बाहर रहते हैं—

वो सिर्फ शहर नहीं बदलते...

वो धीरे-धीरे
अपनी पूरी दुनिया
पीछे छोड़ देते हैं।

मम्मी-पापा...
भाई-बहन...
दोस्त...
गली...
मोहल्ला...

सब वहीं रह जाता है।

और जो साथ आता है—

वो होता है—

अकेलापन।

एक ऐसा अकेलापन...

जो भीड़ के बीच भी
साथ चलता है।

शहर आपको
बहुत कुछ देता है—

पैसा...
मौके...
पहचान...

लेकिन बदले में...

कुछ ले भी लेता है।

आपकी सुबहें
जल्दी शुरू होती हैं...

रातें
थककर खत्म हो जाती हैं...

और बीच में—

बस
भागना।

ऑफिस...
टारगेट...
डेडलाइन...

और फिर...

मेट्रो सिटी की सच्चाई — EMI का जाल

दिल्ली जैसे शहर में रहना
जितना बाहर से चमकदार दिखता है...

उतना ही अंदर से
मुश्किल होता है।

यहाँ जिंदगी
धीरे-धीरे सपनों से नहीं...

EMI से चलने लगती है।

घर—लोन पर...
गाड़ी—लोन पर...
फोन, फ्रिज, टीवी—लोन पर...

बच्चों की फीस—EMI पर...
बीमारी का खर्च—EMI पर...

यहाँ तक कि...

शादी और घूमना भी—
EMI पर।

धीरे-धीरे...

इंसान कमाने के लिए नहीं,
कर्ज चुकाने के लिए
जीने लगता है।

हर महीने...

सैलरी आती है—
और उसी दिन
गायब हो जाती है।

बचता क्या है?

टेंशन...
दबाव...
और अधूरी खुशी।

ये एक ऐसा जाल है—

जिसमें एक बार फँस गए...

तो निकलना आसान नहीं होता।

फिर जिंदगी चलती नहीं...

बस
खींची जाती है।

मैंने ये चीज
जल्दी समझ ली थी।

अगर इस दौड़ में फँस गया...

तो अपनी आज़ादी...
अपना समय...
और अपनी खुशी
खो दूँगा।

इसलिए मैंने फैसला लिया—

“जितना है... उसी में रहना है।”

कम में सही...
लेकिन सुकून से जीना है।

क्योंकि...

असली अमीरी ये नहीं कि
आपके पास क्या है...

बल्कि ये है कि—

आपके पास अपने लिए
कितना समय है...
और कितनी शांति।

हम अक्सर सोचते हैं—

“हम afford कर सकते हैं...”

लेकिन सच ये है—

हम बस
उधार की जिंदगी जी रहे होते हैं।

मैंने ऐसे कई लोगों को देखा है—

जो बाहर से
बहुत खुश दिखते हैं।

Instagram पर उनकी photos—

हँसी...
घूमना...
पार्टी...

लेकिन असल जिंदगी में—

वो हर महीने
EMI का हिसाब लगा रहे होते हैं।

शहर में...

लोग रोते नहीं हैं।

क्योंकि यहाँ—
रोने का समय नहीं होता।

यहाँ लोग टूटते हैं...

लेकिन दिखाते नहीं।

क्योंकि इस भीड़ में...

हर कोई भाग रहा है।

और अगर आप रुक गए—

तो आपको लगता है—
आप पीछे छूट जाएंगे।

शायद इसलिए...

हम सब
अपने चेहरे पर
एक मुस्कान लगाए रखते हैं।

मैं ये नहीं कहता—

कि शहर गलत है...
या पैसा कमाना गलत है।

लेकिन...

अगर इस दौड़ में
हम खुद को ही खो दें—

तो फिर...

जीत किस बात की?

कभी-कभी सोचता हूँ—

हम किसके लिए भाग रहे हैं?

दूसरों को दिखाने के लिए?

या...

खुद को साबित करने के लिए?

क्योंकि...

इस शहर ने मुझे
एक बात सिखाई है—

यहाँ लोग जितना मुस्कुराते दिखते हैं...
उतना ही अंदर से
परेशान होते हैं।

और शायद...

सबसे बड़ा सच यही है—

शहर आपको
मजबूत तो बना देता है...

लेकिन अंदर से
थोड़ा अकेला भी कर देता है।

भीड़ में अकेलापन

मैं शुरू से ही...

थोड़ा अलग रहा हूँ।

भीड़ में रहकर भी...
अपने ही भीतर रहने वाला इंसान।

मेरी दोस्ती...

जल्दी किसी से होती नहीं थी।

स्कूल में भी...

कोई खास दोस्त नहीं बना।

मेरी असली दोस्ती...

हमेशा स्कूल के बाहर रही।

दूसरे मोहल्ले के कुछ लड़के...

और उनमें भी—

तीन नाम
आज भी सबसे ज्यादा याद आते हैं—

फहीम...
नोमान...
और महताब।

वो तीनों...

अच्छे, सलीकेदार लड़के थे।

CBSE स्कूल में पढ़ने वाले...

और मैं...

पता नहीं कैसे
उनकी दुनिया का हिस्सा बन गया।

आज तक समझ नहीं आया—

हमारी दोस्ती कैसे हुई...

लेकिन हर शाम...

हम एक ही जगह मिलते थे।

हँसी...
मजाक...
शोर...

जैसे वही
हमारी पूरी दुनिया हो।

एक दिन की बात है...

मैं उन्हीं के साथ बैठा था...

तभी एक मौलाना साहब आए।

उन्होंने मुझे देखा...

और मुस्कुराकर बोले—

"मस्जिद आया करिए...
नमाज़ पढ़ना जरूरी है..."

मैं थोड़ा झेंप गया...

बस "जी... जी..." करता रहा।

तभी फहीम हँसते हुए बोला—

"मौलाना साहब... इसका नाम आकाश है..."

"ये बगल वाले मोहल्ले में रहता है..."

बस...

उसके बाद हम सब
जोर से हँसने लगे।

उस हँसी में...

जो अपनापन था...

वो शायद
किसी रिश्ते में भी नहीं मिलता।

वो तीन दोस्त... और मैं—

बस यही
मेरी दुनिया थी।

शाम को चाय...

फहीम के घर के बाहर बैठना...

और फिर...

रात होने से पहले
अपने-अपने घर लौट जाना।

वैसी दोस्ती...

फिर कभी नहीं बनी।

लेकिन...

ये सिर्फ कहानी का एक हिस्सा है।

दूसरा हिस्सा—

मेरे अंदर का है।

घर में भी...

मुझे अकेले रहना पसंद था।

अपनी ही दुनिया में खोया रहना...

शायद वही
मेरी आदत बन गई थी।

7–8वीं क्लास में ही...

मुझे गाने सुनने का शौक हो गया था।

जब बाकी बच्चे खेल रहे होते थे...

मैं...

कैसेट प्लेयर पर
गाने सुनता रहता था।

बार-बार...
बार-बार...

धीरे-धीरे समझ आया—

मैं बाहर से
जितना शांत था...

अंदर से
उतना ही भरा हुआ।

शायद...

इसीलिए...

भीड़ में रहकर भी...

मैं कभी
पूरी तरह उसका हिस्सा नहीं बन पाया।

आज भी...

जब मैं किसी भीड़ में खड़ा होता हूँ—

तो बाहर से सब सामान्य होता है...

लेकिन अंदर...

एक अलग-सी खामोशी होती है।

एक ऐसा खालीपन...

जिसे शब्दों में समझाना आसान नहीं है।

क्योंकि...

अकेलापन सिर्फ तब नहीं होता
जब आप अकेले होते हैं।

कई बार...

अकेलापन तब भी होता है
जब आप लोगों के बीच होते हैं—

लेकिन
कोई आपको सच में समझ नहीं रहा होता।

समय के साथ...

लोग बदलते गए...

दोस्त दूर होते गए...

और मैं...

थोड़ा और
अपने अंदर चला गया।

आज...

इतने सालों बाद भी—

जब कोई मुझसे पूछता है—

“घर कहाँ है?”

तो मेरे मुँह से
बस एक ही नाम निकलता है—

छपरा।

और उसी पल...

एक चेहरा...
एक आँगन...
एक घर...

मम्मी...
पापा...
भाई...

सब कुछ
आँखों के सामने आ जाता है।

और तब समझ आता है—

भीड़ में खड़ा इंसान...

असल में
कितना अकेला हो सकता है।

लेकिन...

शायद यही अकेलापन...

हमें खुद से
मिलवाता भी है।

क्योंकि...

जब बाहर कोई नहीं होता—

तब हम
अपने अंदर जाना सीखते हैं।

और शायद...

वहीं से
एक नई शुरुआत होती है।

जो छूट गया... वही सच है

अगर तुम घर से बाहर निकले हो...
कुछ बनने के लिए—

तो बन ही जाना।

क्योंकि तुमने सिर्फ घर नहीं छोड़ा...
तुमने अपने हिस्से का बहुत कुछ पीछे छोड़ दिया है।

या यूँ कहो—
तुम्हें अपने हिस्से का बहुत कुछ
मिल ही नहीं पाया।

वो माँ के साथ बैठकर खाना खाना...
वो पापा का बिना कहे साथ मिल जाना...
वो घर का आँगन...

वो मोहल्ले के दोस्त...
वो अपने शहर में
थोड़ी-सी अकड़ के साथ घूमना...

ये सब...

धीरे-धीरे
हमारी जिंदगी से निकल गया।

मेरा भी...
और शायद तुम्हारा भी।

मैंने अपनी जिंदगी में जो हासिल किया...
लोग उसे ही देखते हैं।

लेकिन शायद ही कोई ये सोचता है—
कि मैंने क्या खोया है...
मेरे हिस्से में क्या नहीं आया।

मेरे चेहरे पर जो मुस्कान है...
मेरे स्वभाव की जो शांति है...

उसके पीछे का अकेलापन
किसी ने नहीं देखा।

क्योंकि दुनिया...
आपको दिल से नहीं देखती—
वो सिर्फ आपका चेहरा देखती है।

हम अक्सर मुस्कुराते हुए भी
अंदर से बहुत कुछ
चुपचाप सह रहे होते हैं...

बस इस डर से—
"लोग क्या कहेंगे..."

लेकिन सच सुनो—

लोग...
उसी दिन तुम्हें भूल जाते हैं
जिस दिन तुम घर छोड़ते हो।

तो क्यों जी रहे हो
किसी और के हिसाब से?

क्यों डर रहे हो
किसी और की सोच से?

अगर जीना है—

तो खुलकर जियो।

अपने मन का करो।

अपने हिस्से का जियो।

और जब मौका मिले—

माँ के पास बैठो...
थोड़ा वक्त दो उसे।

पापा के सामने बैठो...

और एक बार...
उनकी आँखों में देखकर कहो—

"पापा...
मेरा नाम मत भूलना...
मैं भी आपका बेटा हूँ।"

क्योंकि सच ये है—

हम कुछ बनने निकले थे...
लेकिन रास्ते में
हम अपने ही लोगों से दूर हो गए।

"जो छूट जाता है...
वही जिंदगी भर साथ रहता है।"

मैं क्या बना?

इतने साल...
इतने शहर...
इतने लोग...

अगर आज कोई मुझसे पूछे—
"तुम क्या बने?"

तो शायद मेरा जवाब बहुत छोटा होगा—

"मैं एक साधारण इंसान बना।"

एक ऐसा इंसान—
जो किसी को "ना" कहने से पहले रुकता है...
जो मदद करने से पहले फायदे-नुकसान नहीं सोचता...
जो अपनी आखिरी रोटी भी बिना सोचे किसी को दे सकता है...

जो ज़मीन-जायदाद के लिए लड़ना नहीं चाहता...
जिसके पास अब कई काले रंग की शर्ट हैं—
लेकिन घमंड नहीं है...

जिसके शौक छोटे हैं—
घूमना...
सुकून से रहना...
और लोगों के काम आना...

और जिसके हिस्से में—
मेहनत है।

मैं जो बना हूँ...
वो एक दिन में नहीं बना।

25 सालों में...
हर अनुभव ने मुझे थोड़ा-थोड़ा बदला है।

कभी लोगों ने सिखाया...
कभी हालात ने...
और कभी गलतियों ने।

आज...
मैं खुद को किसी दायरे में नहीं देखता।

मैं बस—
एक खुला आकाश हूँ।

ना मुझे किसी से आगे निकलना है...
ना खुद को साबित करना है...

बस जीना है—
अपने तरीके से...
अपने लोगों के साथ।

क्योंकि मैंने समझ लिया है—

सफलता वो नहीं है
जो दुनिया आपको दिखाती है...

अच्छी सैलरी...
बड़ा घर...

एक प्लॉट एक कार ...
और सोशल मीडिया पर दिखने वाली ज़िंदगी...

ये सब हो सकता है...

लेकिन सुकून नहीं।

मैंने ऐसे लोगों को देखा है—
जिनके पास सब कुछ था...
फिर भी वो चैन से सो नहीं पाते थे।

और ऐसे भी...
जो छोटे कमरे में रहते थे...
लेकिन हँसते हुए खाना खाते थे।

मैं भी उसी दौड़ का हिस्सा था—

सैलरी का इंतज़ार...
EMI का इंतज़ार...
वीकेंड का इंतज़ार...

और जिंदगी—
बस "इंतज़ार" बनकर रह गई थी।

फिर धीरे-धीरे समझ आया—

सफलता वो है...
जो आप अंदर से महसूस करते हैं।

आज अगर मैं अपनी सफलता को परिभाषित करूँ—

तो वो ये है—

जब मैं कोई काम सिर्फ इसलिए करूँ
क्योंकि मेरा मन है... मजबूरी नहीं।

जब मुझे किसी के सामने झुककर
"हाँ" नहीं कहना पड़े।

जब मैं अपने परिवार के साथ बैठकर
बिना घड़ी देखे बात कर सकूँ।

जब मैं जहाँ जाना चाहूँ—
वहाँ जा सकूँ... बिना डर, बिना हिसाब के।

और सबसे जरूरी—

जब मैं रात को सोते समय ये महसूस करूँ—
"आज का दिन... अच्छा गया।"

आज हम जैसे लाखों लोग हैं—
जो घर से दूर हैं।

दिल्ली...
मुंबई...
या किसी और शहर में...

सबकी जिंदगी लगभग एक जैसी है—

सुबह की भागदौड़...
दिन भर का काम...
शाम की थकान...

और रात को फोन पर वही लाइन—

"सब ठीक है..."

जबकि...
अंदर बहुत कुछ ठीक नहीं होता।

हम सब कुछ बनने निकले थे...

लेकिन रास्ते में
कई बार भूल जाते हैं—
हम बनना क्या चाहते थे।

मैंने अपनी जिंदगी में—

पैसे का घमंड भी देखा है...
पैसे की कमी भी...

रिश्तों की गर्मी भी...
और दूरियों की ठंड भी...

और इन सबके बीच
मैंने एक बात सीखी—

जरूरतें जितनी कम होंगी...
जिंदगी उतनी आसान होगी।

आज मेरे पास बहुत कुछ नहीं है
जिसे दिखाया जा सके...

लेकिन मेरे पास वो है—
जिसे महसूस किया जा सकता है।

मैंने ये भी सीखा—

जिंदगी का सबसे बड़ा निवेश
पैसा नहीं होता...

लोग होते हैं।

मेरे हिस्से में जो लोग आए...
उन्होंने मुझे बनाया

चाहे जितने भी आएं।

किसी ने मुझे आगे बढ़ाया...
किसी ने रोका...
किसी ने समझा...
और किसी ने आईना दिखाया।

आज मैं जो हूँ—
वो अकेला "मैं" नहीं हूँ।

मैं उन सबका हिस्सा हूँ—
जो मेरी जिंदगी से होकर गुजरे।

और एक बात...
जो मैंने बहुत देर से सीखी—

"समय पर बोलो।"

समय पर बोलो...
वरना बातें रह जाती हैं—
और अफ़सोस उम्र भर।

आज अगर मैं आपसे कुछ कहूँ—

तो बस इतना—

घर से बाहर निकलना जरूरी है...
लेकिन घर को भूल जाना नहीं—
क्योंकि वही घर है, जिसने तुम्हें बनाया है।

और अपनी जरूरतों को छोटा रखो।

क्योंकि...

जितनी बड़ी जरूरतें होंगी—
उतनी बड़ी उलझनें होंगी।

और जितनी कम इच्छाएँ होंगी—
उतना ज्यादा सुकून होगा।

मैंने जिंदगी में बहुत कुछ हासिल नहीं किया...

लेकिन जो किया—
अपने तरीके से किया।

मैंने एक कंपनी बनाई...
कुछ कहानियाँ सुनाईं...
कुछ लोगों की मदद की...

और सबसे जरूरी—

मैंने खुद को खोने नहीं दिया।

आज...

मेरे पास एक खुला आसमान है...
कुछ अपने लोग हैं...
और एक दिल है—

जो अब पहले से ज्यादा शांत है।

अंत — मेरे हिस्से के लोग

आखिर में...

कहानी वहीं आकर रुकती है
जहाँ से वो शुरू हुई थी

लोगों पर।

ज़िंदगी में हम बहुत कुछ पाने के पीछे भागते हैं
पैसा...
नाम...
पहचान...

लेकिन जब सफर थोड़ा लंबा हो जाता है,
तो धीरे-धीरे समझ आता है

सबसे कीमती वो लोग होते हैं
जो हमारे साथ खड़े रहे...
बिना किसी शर्त के।

कुछ लोग रास्ते में मिलते हैं...
और बस एक याद बनकर रह जाते हैं।

और कुछ लोग ऐसे होते हैं—
जो हमारे हिस्से में हमेशा के लिए आ जाते हैं।

शायद यही इस किताब का सच है

कि हम अपनी कहानी खुद नहीं लिखते...
हमारे हिस्से के लोग उसे लिखते हैं।

और अगर आपने यहाँ तक पढ़ा है...

तो यकीन मानिए—
अब आप भी उस कहानी का हिस्सा हैं।

ये किताब मैंने सिर्फ अपने नाम के आगे
"Author" लगाने के लिए नहीं लिखी है।

ये मैंने इसलिए लिखी है
क्योंकि मैंने इसे जिया है।

और अगर आपने इसे पढ़ा है...
तो कहीं ना कहीं
आपने भी इसमें खुद को पाया होगा।

अगर इस किताब में कुछ रह गया हो...

तो वो पन्ना आप बचा लीजिए।

शायद अगली किताब में
हम उसे साथ मिलकर पूरा करेंगे।

नमस्ते।

वो खाली जगह

अगर तुम्हें याद हो,
तो मैंने तुमसे हमेशा कुछ न कुछ माँगा ही था—
कभी थोड़ा वक़्त,
कभी थोड़ा प्यार,
कभी थोड़ा भरोसा...
और कभी-कभी तो बस तुम्हारा साथ।

और तुमने भी हर बार
मुझे वही दिया
जिसकी मुझे सबसे ज़्यादा ज़रूरत थी।

तुम मेरे लिए
उस माँ की तरह थीं
जो अपने बच्चे की हर ज़िद पर मुस्कुरा देती है,
उसके टूटे खिलौने जोड़ देती है,
उसे नए जूते दिला देती है,
नई शर्ट पहनाकर उसके चेहरे की उदासी छुपा देती है,
और हर बार उसे संभाल लेती है
जब वो दुनिया से हारने लगता है।

फिर वो बच्चा बड़ा होता गया...
धीरे-धीरे समझदार भी,
और धीरे-धीरे अकेला भी।

भीड़ बढ़ती गई,
रास्ते लंबे होते गए,
लोग मिलते गए,
पर उसके भीतर
एक खाली जगह हमेशा बची रही।

दुनिया ने देखा
उसके आगे बढ़ते कदम,
उसकी गलतियाँ,
उसकी जीत,
उसके चेहरे की मुस्कान...

लेकिन किसी ने नहीं देखा
कि उन मुस्कानों के पीछे
एक बच्चा अब भी छुपा बैठा है—
जो हर अच्छे वक़्त में,
हर बुरे वक़्त में,
हर रात, हर सुबह,
सोते-जागते,
बस एक ही चेहरा ढूँढता रहा...

अपनी माँ का।

सिर्फ अपनी माँ का।

– आकाश अरुण

लेखक जीवनी

आकाश अरुण छपरा, बिहार के रहने वाले एक डॉक्यूमेंट्री फिल्ममेकर और मीडिया प्रोफेशनल हैं। उन्होंने अपने करियर की शुरुआत संसद टीवी से की, जहाँ उन्होंने कई डॉक्यूमेंट्री प्रोजेक्ट्स और सीरीज़ पर काम किया। उनकी डॉक्यूमेंट्रीज़ अक्सर उन लोगों की कहानियाँ सामने लाती हैं, जिनकी ज़िंदगी, संघर्ष और भावनाएँ हमारी नज़रों से अक्सर छूट जाती हैं। पत्रकारिता और डॉक्यूमेंट्री के अनुभव ने उनकी सोच और लेखन को गहरी संवेदनशीलता, बारीक नज़र और जीवन को करीब से समझने का नज़रिया दिया है।

आकाश विभिन्न सरकारी योजनाओं और जन-जागरूकता अभियानों की रणनीति, संचार और क्रियान्वयन से भी जुड़े रहे हैं। उनका मानना है कि किसी भी कहानी या अभियान का उद्देश्य केवल जानकारी देना नहीं, बल्कि लोगों तक उसकी असली भावना और प्रभाव को पहुँचाना होना चाहिए। यही दृष्टिकोण उनकी फिल्मों और लेखन दोनों में दिखाई देता है।

www.ingramcontent.com/pod-product-compliance
Lightning Source LLC
LaVergne TN
LVHW090312210926
848480LV00001B/226

9798904319663